métro 3

Rouge

Zahra Siddiqi 8P

Rosi McNab

Heinemann Educational Publishers, Halley Court, Jordan Hill, Oxford OX2 8EJ
A division of Reed Educational & Professional Publishing Limited

Heinemann is a registered trademark of Reed Educational & Professional Publishing Limited

OXFORD MELBOURNE AUCKLAND IBADAN
BLANTYRE JOHANNESBURG GABORONE
PORTSMOUTH (NH) USA CHICAGO

© Rosi McNab 2001

First published 2001

06 05 04 03 02
10 9 8 7 6 5 4 3 2

A catalogue record is available for this book from the British Library on request.

ISBN 0 435 37134 7

Produced by Ken Vail Graphic Design
Original Illustrations © Heinemann Educational Publishers 2001

Illustrations by Arlene Adams, Graham-Cameron Illustration (Bridget Dowty), Sylvie Poggio Artists
Agency (Tim Davies, Belinda Evans, Rosalind Hudson, Simon Jacob)

Cover design by Miller, Craig and Cocking

Cover photograph by Telegraph

Printed and bound by Mateu Cromo in Spain

Acknowledgements

The author would like to thank Gaëlle Amiot-Cadey, Rachel Aucott, Nathalie Barrabé, Jocelyne
Camus and all the pupils at the Collège Louise Michel, Alençon, François Casays, Jackie Coe, Julie
Green, Monique and Michel Landriau and all the pupils at the Lycée Marguerite de Navarre,
Alençon, Arlette Marcy, Carolyn Parsons, Sarah Provan, Christine Ross, Jocelyn Stockley, Geraldine
Sweeney, Kathryn Tate and the students of the Association Cours D'Art Dramatique, Rouen, for their
help in the making of this course.

Teacher Consultants: Jonathan Fawcett of Heanor Gate School, Heanor, Derbyshire.

The author and publishers would like to thank the following for permission to reproduce copyright
material: **Okapi** (Bayard Presse) 1999 p.84, 2000 p.92, **Sentinel Ouest** p.86 ('Les Temps Changent' MC
Solaar), **Jacques Charpentreau** p.108 ('La Ville enchantée').

Photographs were provided by **The Travel Library/Philip Enticknap** p.10 (square and fountain at
Bergerac), **Adam Woolfitt/Corbis** p.10 (town of Bergerac), **Chris Lisle/Corbis** p.10 (street cafés),
Michael Lewis/Corbis p.12 (an aquapark), **Jean-Gwenaël Gourges** p.18 (Tahiti), **Michael Gagnon**
p.37 (Chateau Frontenac, Québec), **Mary Evans Picture Library** p.48 (Breton farmhouse kitchen), **La
Vallée des Singes** p.54 (monkeys), **Mike & Lisa Husar/Woodfall Wild Images** p,54 (bald eagle), **Parc
des Petites Minaudières** p.54 (pedal boats and lakeside), **World Pictures** p.54 (Futuroscope), **Benoît
Lamort/L'île aux Serpents** p.54 (snake *Natrix maura*), **Leslie Woodhead/Hutchinson Library** p.74
(kungfu boy), **AFP** p.75 (sumo wrestler), **Christian Simonpietri/Corbis Sygma** p.86 (MC Solaar in Los
Angeles), **Rex Features** p.98 (Felicity), **The Travel Library/R. Richardson** p.110 (Aigrettes Waterfall, la
Réunion). All other photos are provided by **Keith Gibson** and Heinemann Educational Publishers.

Every effort has been made to contact copyright holders of material reproduced in this book. Any
omissions will be rectified in subsequent printings if notice is given to the publishers.

Tel: 01865 888058 www.heinemann.co.uk

métro 3

Rosi McNab

Table des matières

1 À la découverte de la France

Getting to know your way around France

La France

la Belgique

la Manche

l'Allemagne

la Normandie

l'Île-de-France · le Parc Disneyland

les Vosges

la Bretagne

Le Mans

la Seine

la Suisse

le château de Chambord

la Bourgogne

le Jura

la Loire

la Saône · le Rhône

le Futuroscope

le mont Blanc

l'océan Atlantique

le Massif central

les Alpes

l'Italie

la Dordogne

le Midi

Le pont du Gard

la Garonne

la Provence

Cannes

Carcassonne

la Côte d'Azur

Marseille

l'Espagne

les Pyrénées

la mer Méditerranée

PARLER

1a À deux. Trouvez le nom de:

a 5 fleuves ou rivières   d 5 pays
b 5 chaînes de montagnes   e 5 sites touristiques
c 5 régions

ÉCOUTER

1b Quels noms choisissent-elles? Écoute et note.

1c Trouve le bon nom.

1 C'est un grand château situé sur les bords de la Loire. C'était une ancienne résidence des rois de France.
2 C'est la montagne la plus haute d'Europe. Son sommet est toujours couvert de neige. Elle se trouve à la frontière franco-italienne.
3 C'est le site touristique le plus connu de France.
4 C'est un ancien pont construit par les Romains, pour transporter l'eau.
5 C'est le Parc Européen de l'Image, un grand parc d'attractions futuriste avec un cinéma Imax.
6 C'est une très belle ville sur la Côte d'Azur. Il y a un festival du cinéma chaque année au mois de mai.
7 C'est le meilleur exemple d'une vieille ville fortifiée dans le Midi.
8 C'est la ville où il y a une course de voitures qui dure 24h.
9 C'est le fleuve le plus long de France.
10 C'est le port le plus important du Midi.

Le détective

How to say something is the biggest, smallest, oldest, etc.

Il est le plus grand/petit/vieux
Elle est la plus grande/petite/vieille
And the best
Il est le meilleur …
Elle est la meilleure …

Pour en savoir plus ➡ page 132, pt 3.3

1d Qu'est-ce que c'est? Ça se trouve où?

C'est (le Parc Disneyland).	Ça se trouve	près de Paris. dans les Alpes. sur la Loire. au bord de la mer. en Provence. dans le Midi.

A le pont du Gard
B le château de Chambord
C Le Festival du Cinéma de Cannes
D le Parc Disneyland
E le mont Blanc

2a Écris une carte d'identité pour les deux pays.

Carte d'identité

Nom: La France
Nombre d'habitants: 58 millions
Villes les plus peuplées: Paris 2,2 millions; Marseille 807000; Lyon 422000
Fleuve le plus long: la Loire 1012km
Montagne la plus haute: le mont Blanc 4807m
Sites touristiques les plus connus: la tour Eiffel, l'Arc de triomphe, le musée du Louvre
Capitale: Paris
Langue: le français

l'anglais Gizeh (1670800) Le Caire (9656000) Le Temple de Louksor 66050000 le français Le Nil (6695km) Le Caire Jabel Katharina (2637m) l'Égypte L'arabe le désert de Sinaï Alexandrie (289300) les pyramides de Gizeh	La porte de Brandenbourg Berlin (3472000) L'Allemagne le château de Neuschwanstein Hambourg (1668760) Berlin 8207900 Zugspitze (2963m) Munich (1219000) L'allemand le Danube (2850km)

2b Fais des recherches sur Internet. Choisis un pays et écris la carte d'identité du pays que tu as choisi.

Exemple: Visite: www.infoplease.com *ou autres sites web.*

2 La France des villes

Talking about French towns

A	B	C	D	E	F	G	H

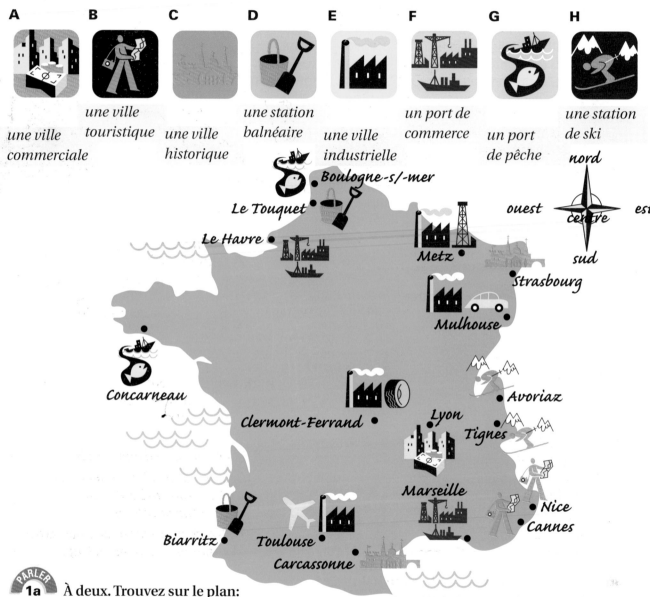

une ville commerciale

une ville touristique

une ville historique

une station balnéaire

une ville industrielle

un port de commerce

un port de pêche

une station de ski

nord

ouest · centre · est

sud

Boulogne-s/-mer

Le Touquet

Le Havre

Metz

Strasbourg

Mulhouse

Concarneau

Clermont-Ferrand

Lyon

Avoriaz

Tignes

Marseille

Nice

Cannes

Biarritz

Toulouse

Carcassonne

PARLER

1a À deux. Trouvez sur le plan:

1 une ville industrielle
2 une ville historique
3 un port de commerce
4 une station balnéaire
5 une ville touristique
6 une ville commerciale
7 un port de pêche
8 une station de ski

● Je pense que (…) c'est (une ville …)
● Oui, c'est vrai./Non, c'est faux./Je ne sais pas.
● À mon avis, c'est …

Je pense que …	*I think (that)…*
À mon avis …	*In my opinion …*

ÉCOUTER

1b Écoute et vérifie. D'accord ou pas d'accord?

 8 huit

J'habite dans l'ouest de la France. Notre ville est très touristique. C'est un port de pêche au bord de la mer. Mon père est pêcheur. Il va à la pêche à la langoustine. J'aime faire de la planche à voile et du roller. Mon grand-père parle breton. Il dit 'bara amann' pour pain-beurre. J'aime ma ville parce que c'est une ville calme mais ce que je n'aime pas c'est qu'il n'y a pas beaucoup de choses à faire pour les jeunes.
Sébastien

J'habite une ville qui se trouve dans l'est de la France. Ma région s'appelle l'Alsace, je suis alsacienne! Ma ville est très historique et son nom signifie: croisée des chemins, ou carrefour, parce que c'était une route importante pour le commerce au Moyen Âge. Aujourd'hui, c'est le siège du Parlement européen et de la Cour européenne des droits de l'homme. J'aime l'ambiance, mais il y a trop de voitures et de gaz d'échappement.
Chantal

 2a Trouve les bons mots.

Sébastien:
- deux sports qu'il fait
- quelqu'un qui pêche
- un crustacé qu'on mange
- la langue parlée par les habitants de la Bretagne

Chantal:
- une femme qui habite en Alsace
- l'intersection de deux routes
- une institution politique
- une forme de pollution

2b Lis et réponds.

1 Où habitent-ils?
2 C'est quel genre de ville?

3 Qu'est-ce qu'ils aiment?
4 Qu'est-ce qu'ils n'aiment pas?

 3a Où habitent-ils?
C'est quel genre de ville?
Qu'est-ce qu'ils aiment et qu'est-ce qu'ils n'aiment pas? Écoute et note.

Laurent	Denis

💡 **Learning to listen for gist**

You do not need to understand all the words to be able to answer the questions.

Listen again to see how much extra information you can pick up.

 3b Écris cinq phrases sur là où tu habites.

J'habite	(Newtown) dans (le sud-est) de (l'Angleterre).
Cette région s'appelle	(l'Essex/le Yorkshire/le Derbyshire).
(Newtown) est	une grande/petite/vieille ville / un grand/petit/vieux village.
C'est	une ville industrielle/commerciale/touristique/calme.
	un village agricole/pittoresque/touristique/calme.
J'aime ma ville/mon village	parce que j'aime bien l'ambiance.
	parce qu'il y a beaucoup de choses à faire.
	parce que c'est une jolie ville/un joli village.
Je n'aime pas ma ville/mon village	parce qu'il y a trop de monde/trop de pollution.
	parce que c'est trop calme.

3 *J'habite à Bergerac*

Your own town and what you can do there

- **Où habites-tu**, Clémence?
- J'habite à Bergerac.
- **C'est où?**
- C'est dans le Périgord, à 80km à l'est de Bordeaux.
- **C'est une grande ville?**
- Non, c'est une petite ville.
- **Il y a combien d'habitants?**
- Environ 25 000.
- **C'est quel genre de ville?**
- C'est une ville historique et touristique. C'est très pittoresque.
- **Qu'est-ce qu'il y a à** Bergerac?
- Il y a la rivière et le vieux pont.

- **Qu'est-ce qu'on peut y faire?**
- On peut flâner dans la vieille ville, visiter le château et les musées, ou s'asseoir à une table de café et regarder passer les gens.
- **Tu aimes ta ville?**
- Oui.
- **Pourquoi?**
- Parce que c'est une jolie ville et qu'il y a beaucoup de choses à y faire.
- **Que fais-tu, par exemple?**
- Je fais du canoë, je joue au ping-pong et au tennis, je fais du footing et du vélo, et en été, je vais me baigner à Aqua Park.
- **Que fais-tu le soir?**
- J'ai un petit copain qui s'appelle Julien. On se retrouve en ville, on se balade le long de la rivière, on va au cinéma et nous retrouvons nos copains dans un café et nous jouons au babyfoot.
- **Et qu'est-ce que tu n'aimes pas faire?**
- Je n'aime pas m'asseoir devant la télé pour regarder des feuilletons américains.
- **Merci.**

1a Lis et écoute l'interview.

 1b Vrai, faux ou je ne sais pas?

1 Bergerac est le nom d'une ville en France.
2 C'est une grande ville industrielle.
3 Clémence aime sa ville.
4 Elle a un petit copain qui s'appelle Julien.
5 Son copain joue au volley-ball.
6 Elle aime aller au cinéma.

Le détective

Reflexive verbs

se baigner — *to go swimming*
je me baigne — nous nous baignons
tu te baignes — vous vous baignez
il/elle se baigne — ils/elles se baignent

s'amuser — *to amuse yourself/ have fun*
s'asseoir — *to sit down*
se retrouver — *to meet (someone you know)*
se trouver — *to be situated/to be found*

Pour en savoir plus ➡ page 135, pt 4.5

 1c Que font ses copains, Nathan, Thibaud et Aurélie, et qu'est-ce qu'ils ne font pas?

A **le canoë**
B **l'équitation**
C **le golf**
D **la pêche**
E **la pétanque**
F **le tennis**
G **le VTT**
H **autre**

 1d Fais un résumé. Que font-ils et qu'est-ce qu'ils ne font pas?

(Nathan) joue au … il fait … mais il ne joue pas au …/fait pas de …

 2a Invente une ville. Prépare tes réponses aux questions de l'interviewer (activité 1a).

Exemple:

Nom de la ville/habitants	Blondville-sur-Seine (150 000 habitants)
Situation:	dans le nord/sud/est/ouest/dans le centre
	au bord de la mer/sur la rivière/dans la région …
Type de ville:	grande/petite/historique/industrielle/touristique, etc.
Monuments et sites touristiques:	château/musée/tour/pont/centre commercial, etc.
Loisirs:	les sports/le cinéma/la piscine/parc de loisirs/restaurants, etc.

 2b Jouez l'interview!

Mini-test **I can ...**
● talk about the geography of France
● talk about tourist attractions in France
● describe towns and villages and say what I think of them

4 Aqua Park

Talking about activities you do and have done

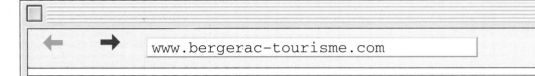

www.bergerac-tourisme.com

Créé en 1994, ce Parc de Loisirs Aquatiques et Sportifs est situé à proximité de Bergerac. Il bénéficie d'une situation privilégiée entre vignobles et Dordogne, au pied du château de Montbazillac. Accès direct à la Dordogne pour la pratique du canoë.

1000m² de piscine (répartis en 4 bassins)
Toboggan aquatique
Beach volley
VTT
Canoë sur la Dordogne
Parcours en motos et quads
Karaoké et soirées musicales
Snacks et buffets
Bowling
Minigolf

1a À deux. Trouvez huit activités qu'on peut faire à Aqua Park.

- À Aqua Park on peut faire/jouer …

1b Que font-ils en été? Copie et remplis la grille à la page 13.

En été je vais souvent à Aqua Park. Je nage, je joue au volley-ball, je fais du canoë et du VTT et quelquefois, je fais du quads avec mes copains. On mange au snack et on drague les filles.
Thomas

Je vais à Aqua Park avec ma copine. Nous retrouvons nos amis. Nous nageons, nous bavardons, nous allons au snack et nous regardons passer les garçons. Quelquefois nous jouons au volley-ball ou au 'bowling'.
Marjolaine

Je vais à Aqua Park avec mon petit frère. Il joue au volley-ball avec les autres mecs et moi je nage, je lis des magazines et je retrouve mes copines.
Cécile

Le samedi après-midi je fais du canoë. Je m'entraîne pour le slalom. Mon copain est champion régional de slalom.
Philippe

								*autre*
1 Thomas								
2 Marjolaine			ACTIVITÉ 1b					
3 Cécile								
4 Philippe								
5 Nicolas								
6 Aurélie			ACTIVITÉ 1c					
7 Sandrine								
8 Benoît								

1c Qu'est-ce qu'ils ont fait pendant les vacances? Écoute et complète la grille.

2a Jouez en groupe.

● Le week-end dernier, je suis allé(e) à Aqua Park et j'ai nagé …

Le détective

The perfect tense (le passé composé)
To talk about what you have done, you use the **passé composé**.
Remember some very important verbs take **être**:
je suis allé(e)   *I went*

but most verbs take avoir:
j'ai joué/mangé/fait/lu   *I played/ate/did/read*
tu as joué/mangé/fait/lu   *you played/ate/did/read*
il/elle a joué/mangé/fait/lu   *he/she played/ate/did/read*

Pour en savoir plus ➡ page 137, pt 4.8–4.9

2b Fais un résumé.

Je suis allé(e) à Aqua Park et j'ai …

2c Qu'est-ce qu'ils ont fait?

Thomas   Marjolaine   Cécile   Philippe

Il/Elle est allé(e) à Aqua Park et il/elle a …

5 J'habite à la campagne

Talking about where you live: in the country

J'habite un petit village à quelques kilomètres de Bergerac. Nous habitons toujours la ferme familiale. Mon grand-père est agriculteur, il a quinze vaches, onze chèvres et aussi des poules. Nous avons aussi des vignes et un camping. Mes parents s'occupent des vignes et du camping. Pendant les grandes vacances, j'ai aidé mes parents au camping parce qu'il y a beaucoup de travail. Nous avons 58 emplacements, une grande piscine et une pataugeoire, un bar et un petit magasin.

Samedi dernier, je me suis levé à six heures trente et je suis allé chercher le pain à la boulangerie.

Ma mère est allée au bar au camping. Elle a mis en marche la machine à café et a nettoyé les tables. Mon père a vidé les poubelles et balayé les sentiers. Ma grande sœur Céline a nettoyé les sanitaires et mon grand frère Marc a aidé mon grand-père. Il a donné à manger aux animaux mais il n'a rien fait au camping, parce qu'il est paresseux.

Le matin, j'ai aidé ma mère au bar. J'ai débarrassé les tables et j'ai vidé le lave-vaisselle. L'après-midi, je suis allé à la piscine, je me suis baigné, je me suis fait bronzer et puis je me suis reposé. Le soir, j'ai aidé ma mère à la cuisine, j'ai lavé la vaisselle et ma sœur a servi à table. Mon frère est parti en ville à mobylette pour draguer les filles. Je me suis couché vers dix heures du soir.

Laurent

à (cinq) kilomètres de	*(five) kilometres from*
une pataugeoire	*paddling pool*

 1a Lis et écoute.

 Pronunciation. **Fais attention!**

Some words look the same as in English but are pronounced differently, e.g. village, camping, *etc.*

Some final letters are not pronounced, such as –s *or* –t *in* petit.

What is the difference between the pronunciation of: **e**, **è** *and* **é**?

 1b Lis et réponds. Qui s'est occupé …?

A

du pain

B

des vaches

C

des déchets

D

des WC

E

du café

F

de la vaisselle

G

des tables

1c Lis et trouve. Cherche les mots.

(LIRE)

a Quelqu'un qui travaille à la ferme
b Un animal qui nous donne des œufs
c La plante d'où provient le fruit que l'on utilise pour la fabrication du vin
d L'endroit où on met une caravane ou une tente
e Le magasin où on achète du pain
f Le récipient dans lequel on met les déchets
g L'endroit, dans un camping, où on se lave et fait la vaisselle
h La machine que l'on utilise pour laver la vaisselle
i La salle où on prépare les repas
j Une bicyclette à moteur

Le détective

Perfect tense of reflexive verbs

All reflexive verbs use être *to form the perfect tense*

je me suis réveillé(e)	nous nous sommes habillé(e)s
tu t'es levé(e)	vous vous êtes baigné(e)s
il/elle s'est lavé(e)	ils/elles se sont couché(e)s

Pour en savoir plus ➡ page 139, pt 4.10

1d Qu'est-ce que tu as fait samedi dernier?

(ÉCRIRE)

Exemple: Je me suis réveillé(e).

2a Qu'est-ce que Marc a fait samedi dernier? Mets les images dans le bon ordre.

(ÉCOUTER)

A 07:00 B C D E F G H I 11:00

2b À deux. Qu'est-ce qu'il a fait?

(PARLER)

● Il s'est levé à 7h00.
● Il est allé …

2c Fais un résumé.

(ÉCRIRE)

Samedi dernier Marc s'est levé à …
Il a/Il est …

Bilan et Contrôle révision

I can …

name five areas of France	la Provence, le Midi, la Bretagne, la Normandie, l'Île-de-France, la Bourgogne, la Côte d'Azur
name three of its rivers	la Loire, la Seine, le Rhône, la Garonne, la Dordogne, la Saône
name three of its mountain areas	le Massif central, les Pyrénées, le Jura, les Vosges, les Alpes
name three of its neighbouring countries	l'Italie, la Suisse, l'Espagne, l'Allemagne, la Belgique
name five of its tourist attractions	le Parc Disneyland, le mont Blanc, le château de Chambord, Cannes, Le Mans, le Futuroscope, Carcassonne, le pont du Gard

I can …

talk about a town and say what sort of place it is	C'est une ville industrielle, une ville touristique, une ville historique, une ville commerciale un port de commerce, un port de pêche une station balnéaire, une station de ski
say what I think	Je pense que … /À mon avis c'est une ville touristique …
talk about where I live	J'habite (Newtown) dans (le sud-est) de (l'Angleterre). Cette région s'appelle (l'Essex/le Yorkshire/ le Derbyshire). (Newtown) est une grande/petite/vieille ville/ un grand/petit/vieux village. C'est une ville industrielle/commerciale. un village agricole/pittoresque/touristique/ calme.
say why I like or don't like living there	J'aime ma ville/mon village parce que j'aime bien l'ambiance/parce qu'il y a beaucoup de choses à faire. Je n'aime pas ma ville/mon village parce qu'il y a trop de monde/trop de pollution. parce que c'est trop calme.
talk about what I do and what I have done	En été je vais/fais/joue/me baigne … Le week-end dernier je suis allé(e)/j'ai fait/j'ai joué/j'ai mangé/j'ai lu Pendant les grandes vacances je suis allé(e)/je me suis réveillé(e)/je me suis amusé(e)/je me suis baigné(e)

1 Où habitent-ils? Copie et complète la grille.

nom	nom de la ville	région	genre de ville	aime ou pas?	pourquoi?
Guillaume					
Jacques					
Ambre					
Kathy					

 2 Jeu de rôle. Choisis une personne et réponds aux questions.

- Où habite (Guillaume)?
- Comment ça s'écrit?
- C'est où?
- C'est quel genre de ville?
- Aime-t-(il/elle) y habiter?

- Pourquoi?
- Et où habites-tu?
- C'est quel genre de ville?
- Aimes-tu y habiter?
- Pourquoi?

 3 Qu'est-ce qu'ils ont fait? Lis et réponds aux questions.

1 Qu'est-ce qu'il/elle a fait? (trois choses)
2 Qu'est-ce qu'il/elle n'a pas fait?
3 Pourquoi?

Samedi dernier nous sommes allés à Aqua Park. D'abord nous avons nagé et puis nous avons fait un pique-nique, et j'ai bavardé avec mes copines. Je n'ai pas joué au volley parce que je n'aime pas. **Karima**

Samedi dernier je suis allée à Aqua Park avec mes amis. D'abord nous avons nagé, et puis nous avons joué au volley-ball. Après nous avons mangé au snack, mais je n'ai pas fait de VTT parce que c'est trop fatigant. **Laure**

Je suis allé à Aqua Park avec mon grand frère. D'abord il a joué au volley-ball avec ses amis et j'ai nagé. Puis j'ai joué au foot avec mes copains et il a fait du quads. Le soir nous avons fait une balade en vélo. Je n'ai pas fait de quads parce que c'est dangereux. **Fabrice**

Le week-end dernier je suis allée à Aqua Park avec ma copine. Nous avons fait du canoë et nous avons joué au minigolf et nous avons fait un pique-nique. Mais nous n'avons pas nagé parce que c'est ennuyeux. **Corinne**

 4 Qu'est-ce que tu as fait le week-end dernier? Écris un paragraphe.

Samedi matin je me suis levé(e) à … puis j'ai …

En Plus *La Francophonie (1)*

La Polynésie – Ici on parle français

Qu'est-ce que la Polynésie?

La Polynésie Française est un ensemble de 118 îles dans l'océan Pacifique. Tahiti est l'île la plus importante de l'archipel de la Société, avec une population de 131 300 habitants.

L'île de Tahiti se situe à 17 100 km de la France, 8 800 km du Japon et 6 200 km des États-Unis. La capitale de Tahiti est Papeete. La montagne la plus haute s'appelle le mont Orohena avec une altitude de 2 241 m. Tahiti mesure 50 km de long sur 25 km de large.

Les industries principales sont l'agriculture et le tourisme. Les produits principaux sont les bananes, les noix de coco, le sucre de canne, la vanille et les perles.

Beaucoup de plages sont noires parce que les îles sont d'origine volcanique.

À la maison la plupart des tahitiens parle tahitien, mais la langue officielle est le français.

1a Lis et écoute.

1b À deux. À tour de rôle. Posez et répondez aux questions.

1 Tahiti, qu'est-ce que c'est?
2 Où se trouve Tahiti?
3 C'est à combien de kilomètres de la France?
4 Il y a combien d'habitants?
5 Comment s'appelle la capitale de Tahiti?
6 Comment s'appelle la montagne la plus haute?
7 Quelles sont les industries principales?
8 Quels sont les produits principaux?
9 Quelle est la langue officielle?
10 Pourquoi les plages sont-elles noires?

1c Fais un portrait de Tahiti.

Carte d'identité

Nom:

Capitale:

Nombre d'habitants:

Langue:

Montagne la plus haute:

Industries principales:

2a Lis et écoute.

La ora na, maeva! Ça veut dire 'Bonjour, bienvenue!', en tahitien. Je suis tahitienne. Je m'appelle Moorea, c'est le nom de l'île où ma mère est née. Nous habitons à Tiarei, une petite commune de la côte est de l'île de Tahiti qui se trouve dans l'océan Pacifique. Tiarei se situe à 25 km de la capitale, Papeete. Le collège est à dix kilomètres de chez nous. On y va en 'truck'. De septembre à juillet il y a de grandes vagues et dès qu'on rentre du collège on fait du boogie.

La mer est à quinze mètres de notre 'fare'. Le sable est noir parce que nous habitons une région volcanique. Le fare est petit, mais nous avons un grand jardin. Il y a deux chambres, une cuisine et une salle de bains. Normalement on mange dehors, sur la terrasse. Le soir mon père joue de la guitare et nous chantons de vieilles chansons maories.

Mon plat préféré est le fei, c'est une banane cuite, mais j'adore le steak-frites aussi!

Au collège on parle français, mais à la maison nous parlons tahitien. Par exemple au revoir c'est 'nana'.
Nana! **Moorea**

le truck

2b Trouve le mot tahitien pour:

- car de ramassage
- surf
- maison
- une banane cuite
- bonjour
- bienvenue
- au revoir

2c Le frère de Moorea. Écoute, copie et remplis la grille.

Nom:	
Âge:	
Yeux:	
Cheveux:	
Loisirs:	
Plat préféré:	
Couleur préférée:	

Rappel

	Masc.	Fem.	Plural
my	mon	ma	mes
your	ton	ta	tes
his/her	son	sa	ses

2d Écris un paragraphe sur le frère de Moorea.

Son frère s'appelle …

2e Prépare et enregistre une cassette à envoyer à Moorea.

Je m'appelle … J'ai … J'habite … J'aime … J'adore …

3a Lis et réponds. Que fait-elle?

Il y a douze heures de décalage horaire entre Tahiti et la France.

Quand je me lève à sept heures du matin, il est sept heures du soir en Europe.

À huit heures du matin je vais en classe, et il est huit heures du soir en Europe.

À dix heures c'est la récré, je parle avec mes copains mais il est dix heures du soir chez vous.

Quand je déjeune à midi il est minuit en Europe.

Quand je fais du boogie le soir à cinq heures après le collège, il commence à faire jour en Europe.

Quand je dîne à huit heures du soir il est huit heures du matin en Europe, et quand je me couche à dix heures du soir il est dix heures du matin chez vous.

À minuit je dors, que fais-tu?

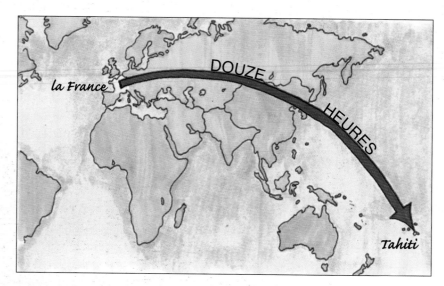

A	B	C	D	E	F	G	H
10:00	17:00	07:00	12:00	08:00	22:00	20:00	00:00

3b À deux. Posez et répondez à la question: 'Que fais-tu?'.

● Que fais-tu quand il est sept heures du matin à Tahiti?

3c Qu'est-ce que vous avez fait hier, Moorea et toi?

Hier à sept heures du matin Moorea s'est levée et moi, j'ai fait mes devoirs.
À huit heures du matin elle est allée en classe et moi, ...
À dix heures elle a ...

Rappel le passé composé

je suis allé(e)	elle est allée
j'ai joué	elle a joué
je me suis levé(e)	elle s'est levée

Poème

Citoyens du monde

Nous passons nos vacances en Espagne,
Nos baskets sont fabriquées en Corée du Sud.
Notre jus d'orange vient d'Israël,
Nous calculons en chiffres arabes.

Nous mangeons des spaghettis italiens
Nous utilisons l'alphabet latin.
Nos jeux vidéo viennent du Japon,
Notre chemise vient du Portugal,
Notre jean vient des États-Unis.

Notre chanteur préféré vient d'Afrique du Nord,
Notre livre est imprimé à Hong-Kong.
Nous regardons des films américains,
Nos chaussettes viennent de Chine.

Notre footballeur préféré vient d'Amérique du Sud.
Et nous pouvons surfer n'importe où dans le monde …
Le monde est notre maison,
Je suis habitant(e) de la planète Terre!

4a Lis et écoute.

4b Écris un poème.

Je suis citoyen(ne) du monde …
Mon … Ma … Mes …

Rappel

	je	tu	il/elle	nous	vous	ils/elles
Masc.	mon	ton	son	notre	votre	leur
Fem.	ma	ta	sa	notre	votre	leur
Plural	mes	tes	ses	nos	vos	leurs

Mots

La France	France
un fleuve	a river
une chaîne de montagnes	a mountain range
une région	a region
un pays	a country
un site touristique	a tourist attraction
l'Allemagne (f)	Germany
la Belgique	Belgium
l'Espagne (f)	Spain
l'Italie (f)	Italy
la Suisse	Switzerland
un château	castle
un parc d'attractions	theme park
un pont	bridge
une ville fortifiée	fortified town
il/elle est le/la plus grand(e)/petit(e)/ vieux (vieille)	it's the biggest/ smallest/oldest
Ça se trouve où?	Where is it?
Ça se trouve …	It's …
près de	near
dans (le Midi)	in (the South of France)
au bord de la mer	by the sea
en (Provence)	in (Provence)
sur (la Loire)	by (the River Loire)

C'est quelle sorte de ville?	What sort of town is it?
Je pense que …	I think that …
À mon avis …	In my opinion …
C'est une ville …	It's a/an … town.
commerciale	commercial/business
historique	historic
industrielle	industrial
touristique	tourist
un port de commerce	commercial port
un port de pêche	fishing port
une station balnéaire	holiday resort
une station de ski	ski resort

Où habites-tu?	Where do you live?
J'habite …	I live …
dans le nord/sud/ centre/est/ouest	in the north/south/ centre/east/west
Cette région s'appelle …	This region is called …
C'est une région/ un village …	It's a … region/village.
agricole	agricultural
calme	peaceful
pittoresque	picturesque
C'est un joli village.	It's a pretty village.
parce que j'aime l'ambiance.	because I like the atmosphere.
parce qu'il y a beaucoup de choses à faire.	because there is lots to do.
parce qu'il y a trop de pollution.	because there is too much pollution.
parce qu'il y a trop de monde.	because it's too busy.
parce que c'est trop calme.	because it's too quiet.
Il y a combien d'habitants?	How many inhabitants does it have?

C'est quel genre de ville?	*What sort of town is it?*
Qu'est-ce qu'on peut y faire?	*What can you do there?*
Que fais-tu le soir?	*What do you do in the evening?*
Qu'est-ce que tu n'aimes pas faire?	*What don't you like doing?*

Que fais-tu?   ***What do you do?***

Je m'amuse.	*I have fun.*
Je me baigne.	*I go swimming.*
Je retrouve mes amis.	*I meet my friends.*
On se retrouve en ville.	*We (will) meet in town.*
se retrouver	*to meet*
Je fais …	*I do/play/go …*
du canoë	*canoeing*
de l'équitation	*horse-riding*
du quads	*quad biking*
du VTT	*mountain-biking*
Je joue …	*I play …*
au golf	*golf*
au tennis	*tennis*
au volley-ball	*volleyball*
à la pétanque	*bowls*

Je vais à la pêche	*I go fishing*
le musée	*museum*
le camping	*campsite*
l'hôtel	*hotel*
sur la rivière	*on the river*
dans la région	*in the region*
le centre commercial	*shopping centre*
le château	*castle*
le musée	*museum*
le parc de loisirs	*leisure park*
la piscine	*swimming pool*
le pont	*bridge*
la tour	*tower*

Qu'as-tu fait?   ***What did you do?***

Je suis allé(e) à …	*I went to …*
Il/Elle est allé(e) à …	*He/She went to …*
qui	*who*
Je me suis réveillé(e).	*I woke up.*
Je me suis levé(e).	*I got up.*
Je me suis lavé(e).	*I got washed.*
Je me suis habillé(e).	*I got dressed.*
Je me suis baigné(e).	*I swam.*
Je me suis couché(e).	*I went to bed.*
Je suis allé(e) en ville.	*I went into town.*
J'ai mangé au snack.	*I ate at the snack bar.*
J'ai joué au minigolf.	*I played mini-golf.*
J'ai joué au ping-pong.	*I played table tennis.*
J'ai fait du VTT.	*I went mountain-biking.*
J'ai lu des magazines.	*I read magazines.*
J'ai écouté de la musique.	*I listened to music.*
J'ai nagé.	*I swam.*

1 *La famille de Ludo*

Talking about your family: saying who they are and what they do

· ·

Mon père est grand et brun. Il s'appelle Patrick. Il a 45 ans et il est technicien informatique. Il travaille pour une banque. Ma mère est institutrice. Elle travaille dans une école maternelle. Elle est petite et blonde. Elle s'appelle Pascale et elle a 38 ans. J'ai les cheveux blonds comme ma mère et les yeux marron comme mon père.

J'ai un frère, Philippe, qui a vingt-deux ans. C'est mon demi-frère. C'est le fils de mon père, de son premier mariage. Il habite chez nous quand il est en France. Il est chauffeur routier, ça veut dire qu'il conduit un camion. Il travaille pour Les Médecins Sans Frontières. Mon autre frère s'appelle Henri. Il a quatre ans. Il va à l'école maternelle. J'ai aussi une demi-sœur aînée. Elle s'appelle Chantal. Elle a vingt ans et elle est infirmière, mais elle n'habite plus à la maison.

Mes grands-parents, les parents de ma mère, habitent en bas. Mon grand-père, Albert, a 67 ans et c'est un ancien menuisier et ma grand-mère Clémentine, qui a 59 ans, travaille à mi-temps comme réceptionniste dans un cabinet médical. Mes grands-parents s'occupent de mon petit frère quand ma mère est au travail.

1 Copie et complète la grille.

nom	lien	âge	métier
Patrick	père	45 ans	

 Is there a word you don't know?

1 *Does it look or sound like a word you already know?*

2 *Can you work out what it means from the context?*

3 *Look it up in a dictionary.*

2a À deux. À tour de rôle. Que font-ils? Où travaillent-ils?
(Trouve les bons mots à la page 25.)

Exemple:
● *A, Il/Elle est quoi?*
● *A, Il/Elle est coiffeur/coiffeuse.*

Masculin	Féminin
Il est acteur; coiffeur; cuisinier; entrepreneur; fermier; graphiste; infirmier; informaticien; ingénieur; maçon; mécanicien; médecin; menuisier; vétérinaire.	*Elle est actrice; coiffeuse; cuisinière; entrepreneuse; fermière; graphiste; infirmière; informaticienne; ingénieur; maçon; mécanicienne; médecin; menuisier; vétérinaire.*
Il est au chômage.	*Elle est au chômage.*

*In English when we say what job someone does we say he/she is **a** doctor/**a** student.*

In French you leave out the a/an: il/elle est médecin/étudiant(e).

● Où travaille-t-il/elle?
● Il/Elle travaille …

*Il/Elle travaille **dans** un cabinet médical; un bureau; un garage; un salon de coiffure; une entreprise; un supermarché; un hôpital; un restaurant*
***sur** un chantier*
***à** la maison; **à** la poste; **à** la banque; **à** son compte*

à son compte   *self-employed*

2b Qui parle? Qu'est-ce qu'ils vont faire?
Où vont-ils travailler? Écoute et note. (1–6)

 Omar   **Patrice**

 Solange   **Fanch**

 Nathalie   **Fabienne**

Le détective

Talking about what you are going to do
(le futur proche)
You use the same expression as in English.
je vais (faire) …   *I am going to (do)…*
il/elle va (travailler)   *he/she is going to (work)…*

Pour en savoir plus ➡ page 140, pt 4.12

2c À deux. D'accord ou pas?

● Omar va être … Il va travailler …

3 Qu'est-ce qu'ils vont faire dans la vie? Où vont-ils travailler?

Alex   **Sandrine**   **Cathy**   **Louis**   **Élodie**   **Thierry**

2 À la maison

Talking about your home

• • • • • • • • • • • • • • •

Cher corres,
Voici une photo de notre maison.

C'est une grande maison. C'est la maison de mes grands-parents. Elle est dans un quartier calme. Nous y habitons depuis huit ans. Nous habitons au premier étage. Mes grands-parents habitent au rez-de-chaussée et mon grand-père s'occupe du jardin. Ils y habitent depuis plus de trente ans.

En bas, au sous-sol il y a la cave et le débarras.

Au rez-de-chaussée, il y a la salle de jeux où l'on peut jouer au ping-pong, et l'appartement de Papi et Mamie. Ils ont une chambre, une cuisine et un grand salon qui donne sur le jardin. Ce n'est pas grand, mais c'est joli. Au premier étage, nous avons deux chambres, une salle de bains, une grande cuisine avec coin-repas où l'on mange, et un salon avec un balcon.

Ma chambre est au deuxième étage. Je partage ma chambre avec mon demi-frère quand il est à la maison, mais il est au Viêt-nam depuis six mois. J'ai une salle d'eau à moi et un petit studio où je fais mes devoirs, joue sur mon ordinateur et surfe sur le net. Je passe tout mon temps au deuxième étage. C'est comme un appartement à moi! C'est bien parce que mon petit frère ne peut pas venir dans mon studio. Je peux fermer la porte à clé! Quand tu vas venir chez nous, tu vas dormir dans ma chambre parce que j'ai des lits superposés.

Ludo

1a Lis et écoute. Lis le texte à haute voix – attention à la prononciation!

> *Notice how the final -s is not pronounced unless it is followed by a word beginning with a vowel or a silent 'h'.*
>
> ils‿ont; nous‿avons; nous‿habitons

1b Lis et trouve. Trouve les mots et les phrases dans le texte.

1 in the basement	5 bunk beds	9 I share my room
2 on the ground floor	6 an eating area	10 you will sleep in my room
3 on the first floor	7 we have lived here for 8 years	
4 a games room	8 I have my own bathroom	

1c À deux. À tour de rôle. Posez et répondez aux questions.

1 Il y a combien de pièces au rez-de-chaussée?
2 Il y a combien de pièces au premier étage?
3 Il y a combien de pièces au deuxième étage?
4 Où est la chambre de Ludovic?
5 Où est la chambre de son petit frère?
6 Où est le salon de ses grands-parents?
7 Qui s'occupe du jardin?
8 Ludovic partage sa chambre avec qui?

Le détective

Depuis – *since*

In English we use the past tense: 'they have lived there for more than 20 years'.
In French you must use the present tense: 'they live there since 20 years'
(because they still live there).

J'habite Roscoff.   *I live in Roscoff.*
J'habite Roscoff **depuis** six ans.   *I have lived in Roscoff for six years.*

Pour en savoir plus ➡ page 143, pt 6.3

2a Où habitent-ils? Ils y habitent depuis quand? Copie et complète la grille. (1–8)

	un appartement	*un immeuble*	*une maison*	*depuis quand?*
1				

2b À deux. Questions et réponses.

- Où habites-tu?
- Tu y habites depuis quand?
- J'y habite depuis …
- Où habite (ton copain/ta copine)?

- Il/Elle y habite depuis quand?
- Il/Elle y habite depuis …
- Je ne sais pas.

2c Copie et remplis le plan de la maison.

rez-de-chaussée   **premier étage**

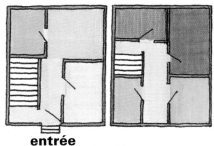

entrée

Quand vous entrez dans la maison, la salle à manger est en face. La cuisine est à votre droite, et l'escalier est à votre gauche. Si vous entrez dans la salle à manger, le salon est à votre gauche.

Si vous montez au premier étage, la porte de la salle de bains est en face. À droite, c'est la porte de la chambre de mes parents et, plus loin à droite il y a la porte de la chambre de ma sœur. La porte de ma chambre est en face de la porte de ma sœur.

Le détective

les nombres ordinaux – *ordinal numbers*

Masc.	Fem.	
premier	première	*first*
deuxième	troisième	*second, third*

Pour en savoir plus ➡ page 144, pt 8.3

2d Regarde la maison dans la photo. Invente et dessine un plan de l'intérieur de la maison et décris-la.

3 Ludovic va venir chez toi. Prépare-lui une description de ta maison/ton appartement et enregistre-la sur cassette.

3 *Est-ce que je peux … ?*

How to ask if you can do something

 **A téléphoner à mes parents**

 **B parler à mon prof**

C aller me coucher

 **D ouvrir la fenêtre**

 Est-ce que je peux … ?

E emprunter un pull

 F avoir quelque chose à boire

 **G avoir quelque chose à manger**

1a Trouve la question que John a posée. (1–7)

Est-ce que je peux …

1b À deux. À tour de rôle.
Posez et répondez aux questions.

● Est-ce que je peux … ?
● Oui, bien sûr, tu peux …

Rappel	Pouvoir: to be able to
je peux?	may I?
je peux	nous pouvons
tu peux	vous pouvez
il/elle peut	ils/elles peuvent

2a Lis et trouve la bonne réponse.

1 J'ai faim.
2 J'ai soif.
3 J'ai froid.
4 J'ai chaud.
5 Je suis fatigué.
6 J'ai besoin d'aide pour mes devoirs.

a Demande à ton père!
b Mets ton pull.
c Va te coucher.
d Mange ton pain.
e Bois ton jus.
f Ouvre la fenêtre.

2b Que dis-tu? Copie et complète les phrases.

J'ai faim, est-ce que je peux … ?
J'ai soif …
J'ai froid …
J'ai chaud …
J'ai perdu mon passeport …
Je suis fatigué(e) …
C'est l'anniversaire de ma mère …

Rappel	Expressions with *avoir*
J'ai faim.	I am hungry.
J'ai soif.	I am thirsty.
J'ai froid.	I am cold.
J'ai chaud.	I am hot.
J'ai besoin de …	I need …

3a Qui fait quoi?

1 Marc **2** Aurélie **3** Isabelle **4** Murielle **5** Denis **6** Patrice **7** Chloé **8** Annick

A
mettre la table

B
débarrasser la table

C
vider le lave-vaisselle

D
passer l'aspirateur

E
ranger les affaires

F
faire le lit

G
sortir la poubelle

H
sortir le chien

3b Qu'est-ce qu'ils ont fait?

● Qu'est-ce que (Marc) a fait?
● (Il) a …

> **Rappel** **Past participles**
>
> **-er** verbs form the past participle by removing the **-er** and adding **-é**:
> e.g. ranger   rangé
>
> **-ir** verbs form the past participle by removing **-ir** and adding **-i**:
> e.g. sortir   sorti
>
> **Irregular verbs**
>
> faire   fait   mettre   mis   prendre   pris

3c Qu'est-ce qu'ils devaient faire et qu'est-ce qu'ils ont vraiment fait?

Yann devait   mais il a

Nicolas

Patrick

Amande

Nicole

Cathy

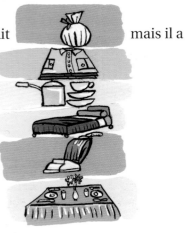

| il/elle devait | he/she was supposed to |
| vraiment | really |

💡 Il/Elle devait + *infinitive*.
'Devait' *is always followed by the infinitive.*

> **Mini-test**   **I can …**
>
> ● talk about my family   ● say how long I have lived there
> ● say what they do and where they work ● ask if I may do something
> ● talk about my house   ● say I am hungry/cold etc.

4 *La boum. Mettons la table!*

Helping with the preparations for a party

● ●

Visite de Newtown High School au collège Pierre Curie

Boum organisée par la classe 4L pour nos visiteurs
Quand?   vendredi soir 19h30 – 22h30
Où?   dans le foyer du collège.
Musique: Les Extras
Nombre de personnes: 56 élèves et 4 professeurs

Si vous pouvez offrir quelque chose, mettez vos initiales
à côté de ce que vous pouvez apporter:

1 pizzas
2 quiches
3 saucisson
4 chips

5 salade
6 pain
7 fromage

desserts
8 salade de fruits
9 fruits
10 gâteaux
11 mousse, etc.

boissons
12 coca
13 limonade
14 Orangina
15 eau

1a Lis et réponds aux questions.

1 Qu'est-ce qu'on va faire vendredi soir?
2 Qui est invité à la boum?
3 Qu'est-ce qu'on va faire à la boum?
4 Ça va durer combien de temps?
5 Aimerais-tu aller à la boum?
6 Pourquoi, ou pourquoi pas?

1b Qui va apporter quoi? Fais la liste.

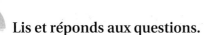

Denis Nicolas Lætitia Camille Solange Laurent Amélie Olivier Mélanie Patrice Joëlle

Nous allons faire une boum pour les visiteurs dans le foyer du collège. Tout le monde doit offrir quelque chose. Moi, je vais apporter des pizzas parce que mon oncle est italien et tient une pizzeria. Mon copain Denis va apporter des chips. Nicolas va apporter du coca et de l'Orangina parce que son père tient un bar. Lætitia et Camille vont nous faire des grandes salades vertes et apporter des fruits. Solange va apporter du pain et des quiches parce que son père est boulanger. L'oncle de Laurent est boucher et il va nous apporter du saucisson. Amélie habite près du supermarché et elle va acheter de la limonade et de l'eau. Olivier s'intéresse à la cuisine et il va faire un gros gâteau au chocolat. Mélanie a promis d'aller au hypermarché et d'acheter des tartes aux fruits. Patrice va faire une grosse mousse au chocolat. J'espère qu'on va avoir assez à manger et à boire!

1c Ils ont besoin de quoi? Écoute et note.

Exemple: Assiettes en papier: 70
Fourchettes: …

l'assiette (f)   le sac en plastique/
le bol   sac poubelle
le couteau   le saladier
la cuillère   les serviettes en papier
la fourchette   le verre
la paille

1d Tu aides ton/ta partenaire à mettre la table pour la boum.

● Nous avons besoin de …

● Il faut aller (le/la/les) chercher dans …

Le détective

How to say what you have to do
il faut + *infinitive – you have to …*

How to translate: 'it', 'them' and 'some of it'.

***it:* le, la**
Où est le saladier/la tasse? Il faut aller **le/la** chercher. *You'll have to look for it.*

***them:* les**
Où sont les assiettes? Il faut aller **les** chercher. *You'll have to look for them.*

***some of it/them:* en**
Avez-vous du ketchup? Oui, il faut aller **en** chercher. *You'll have to look for some (of it).*

Pour en savoir plus ➡ page 129, pt 2.1, 2.3

2a Visite de ton corres! Avec ton/ta partenaire vous organisez une boum pour dix personnes chez vous.

Choisissez le menu. Qu'est-ce que vous allez manger?   **il me faut …**   *I need …*
Qu'est-ce qu'il vous faut?
Exemple: 10 assiettes, …

2b Écris le menu et une liste de ce qu'il vous faut.
Write out the menu and a list of what you need.

Exemple: Il me faut …

5 On s'entend bien, ou on ne s'entend pas?

Talking about how you get on with people

Je m'entends bien avec ma demi-sœur aînée, Léa, parce qu'elle m'aide à faire mes devoirs. Elle a seize ans et elle est en seconde. Elle est très intelligente et elle m'aide pour les maths. Je m'entends bien aussi avec mon grand demi-frère Victor, parce qu'il est étudiant. Il est rigolo, il me laisse jouer sur son ordinateur ou écouter ses disques quand il n'est pas là, et quand il est là on s'amuse bien ensemble. On joue aux jeux vidéo et on fait de la moto ensemble. C'est super.

Je ne m'entends pas bien avec mon petit frère Yannick. Ça m'énerve quand il vient dans ma chambre quand j'ai des amis et il veut jouer avec nous. Quand je lui dis qu'il ne peut pas, il se plaint à maman, et elle prend toujours son parti et nous devons le laisser jouer avec nous. C'est embêtant!

Je ne m'entends pas bien avec ma petite sœur Sara non plus, parce qu'elle est gâtée. Elle m'énerve tout le temps. Elle a toujours tout ce qu'elle veut. Si elle veut une nouvelle poupée maman l'achète, et elle en a déjà une vingtaine. Elle n'aide jamais à la maison, parce qu'elle est 'trop petite'.

Avec mon père ça va … mais il est un peu stricte. Il m'empêche de regarder la télé ou jouer aux jeux vidéo parce que, selon lui, c'est stupide. mais lui, il passe des heures à regarder le foot à la télé. Je n'ai pas le droit de sortir le soir avant d'avoir fini mes devoirs. Ma mère est moins stricte et si je fais la vaisselle de temps en temps elle me laisse sortir avec mes copains, quand mon père n'est pas là!

Cédric

1a Cédric te parle de sa famille. Copie et remplis la grille.

nom	s'entend bien ou pas?	pourquoi?

1b Qui parle?

1 As-tu fini tes devoirs?

2 Maman, ils ne me laissent pas jouer avec eux!

3 Maman, je peux avoir la Barbie rose?

4 Pour calculer le pourcentage il faut …

5 Clique sur fichier pour sauvegarder ce que tu as fait.

Le détective

More reflexive verbs

s'amuser	to have fun
se disputer	to quarrel
s'entendre avec	to get on with
s'énerver	to get annoyed
se plaindre	to complain/moan

Pour en savoir plus ➡ page 135, pt 4.5

1c À deux. Inventez des réponses!

Exemple: 1 – Oui, papa, est-ce que …

2a C'est comment chez Adeline?
Lis les questions, écoute et réponds.

Le détective

1 Qui met la table?
2 Qui sort le chien?
3 Qui prépare les repas?
4 Qui débarrasse la table?
5 Qui fait la vaisselle?
6 Pourquoi son grand frère ne fait pas
le ménage?
7 Qui se disputent?
8 Qui a des ennuis avec ses parents?
9 Pourquoi doivent-elles aider le mercredi?
10 Qu'est-ce qu'elles doivent faire?

Devoir *means 'to have to' and is always
followed by the infinitive.*

je dois	nous devons
tu dois	vous devez
il/elle doit	ils/elles doivent

Pour en savoir plus ➡ page 137, pt 4.7

J'en ai marre. *I am fed up with it.*

 2b À deux. Vérifiez vos réponses.

 2c Louise s'entend bien avec ses copains ou pas? Pourquoi?

Elle s'entend bien avec … parce que …
Elle ne s'entend pas bien avec … …

Nicolas

Gaëlle

Tilly

Patrick ✗

Damien ✗

Françoise ✔

3 T'entends-tu bien avec ta famille/tes copains?

Avec qui t'entends-tu bien? Pourquoi?
Avec qui ne t'entends-tu pas bien? Pourquoi?
Qui est-ce qui t'énerve?

Je m'entends bien avec … parce que …
Je ne m'entends pas bien avec …
(Mon frère) m'énerve quand …

Bilan et Contrôle révision

I can …

    talk about my family   Mon père/Ma mère/Mon frère/Ma sœur s'appelle …

    say what they do   Il/Elle est agriculteur/trice, coiffeur/euse, étudiant(e), ingénieur, instituteur/institutrice, médecin
Il/Elle est au chômage
Il/Elle travaille à son compte

I can …

    name five other jobs   menuisier, infirmier/infirmière, entrepreneur(euse), informaticien(ne), vétérinaire

    say where someone works   Il/Elle travaille dans un bureau/à la poste/sur un chantier

I can …

    talk about my house   C'est une grande maison/un grand appartement
Au rez-de-chaussée, il y a …
En bas/au sous-sol, il y a …
Au premier étage

    name rooms in the house   la cave, la chambre, la cuisine, la salle de bains, le salon

    say how long I have lived there   Nous habitons (…) depuis …

I can …

    ask if I may do something   Est-ce que je peux téléphoner à mes parents/manger/boire quelque chose?

    say I am hungry/thirsty/cold/hot, etc.   J'ai faim/soif/froid/chaud

    name things I can do to help   passer l'aspirateur, ranger les affaires, nettoyer la salle de bains

    say what I have to do   Il faut …/Je dois …

    say what I need …   Il me faut …

    say whether I get on with my family and friends   Je m'entends bien/Je ne m'entends pas bien avec …

1 Copie et complète la grille. (1–5)

	nom	lien	âge	métier
1				
2				

2 Prépare et enregistre une description de ta maison.

J'habite … (maison/appartement)
C'est dans un quartier …
J'y habite depuis … ans.
Il y a … pièces.
Nous avons …
Nous n'avons pas de …
Ma chambre est …(au rez-de-chaussée/au premier étage).

3 Qui fait quoi?

 A

B

 C

 D

 E

F

G

H

C'est l'anniversaire de ma mère et nous faisons le ménage. Ma sœur Marjolaine prépare le repas et mon petit frère Benjamin aide dans la cuisine. Il vide le lave-vaisselle et met la table. Moi, je passe l'aspirateur et puis, je fais les lits et je range ma chambre. Amandine range le salon et puis elle nettoie la salle de bains. Benjamin va chercher l'eau à la cave et je vais sortir la poubelle. **Nicolas**

I

J

4 Décris la maison d'Éric.

1 C'est quelle sorte d'habitation?

2 Il habite à quel étage?

3 Il y habite depuis quand?

4 Il y a quelles pièces?

5 Le quartier est comment?

EN PLUS *La Francophonie (2)*

www.quisuis-je.org

Qui suis-je?

Ma famille

Ma ville

Mes loisirs

Mes plats préférés

Qui suis-je? Je suis québécois

Je m'appelle Gérard. J'ai treize ans et j'habite à Montréal, au Québec. Nous y habitons depuis cinq ans. Je me passionne pour le sport, surtout pour le hockey sur glace, le cinéma, l'informatique et les filles. Ce que je n'aime pas c'est mon petit frère et les spaghettis! Viens visiter mon site personnel et laisse-moi un message dans ma boîte à courrier!

Ma famille

Mon père est restaurateur et ma mère travaille dans le restaurant. Mes grands-parents ont une ferme à quinze kilomètres de la ville de Québec. Nous sommes québécois de la onzième génération. C'est-à-dire que notre ancêtre, Jehan, est venu de France en 1784!

J'ai un frère cadet, Serge, qui m'énerve tout le temps parce qu'il vient toujours dans ma chambre quand j'ai invité des amis. Hier soir nous nous sommes disputés parce qu'il a cassé ma montre. J'ai aussi une sœur aînée, Sybille, qui aide mes parents au restaurant. Le mois dernier elle est partie avec son petit copain Gilles. Ils sont allés à Paris. Elle m'a rapporté un CD de MC Solaar, mon chanteur préféré. Je ne peux pas aider au restaurant parce que, premièrement, je suis trop jeune, et deuxièmement, je suis maladroit et je laisse toujours tomber la vaisselle. J'ai déjà cassé pas mal de verres! J'ai un chien qui s'appelle Java. Il veut aider à la cuisine quand on a fini, le soir, mais ce n'est pas permis non plus!

1a Lis et écoute.

 1b Lis et réponds.

1 Quel âge a Gérard?
2 Où habite-t-il?
3 Il y habite depuis quand?
4 Qu'est-ce qu'il aime faire?
5 Que font ses parents?
6 Que font ses grands-parents?
7 Où habitent-ils?
8 Sa famille y habite depuis quand?
9 Comment s'appelle son petit frère?
10 Que fait-il pour l'énerver?
11 Qu'est-ce qu'il a fait hier soir?
12 Comment s'appelle sa sœur?
13 Que fait-elle?
14 Où est-elle allée le mois dernier?
15 Qu'est-ce qu'elle lui a rapporté?
16 Que fait MC Solaar comme métier?
17 Pourquoi Gérard n'aide-t-il pas au restaurant?
18 Penses-tu qu'il est vraiment maladroit ou penses-tu qu'il le fait exprès?
19 Qui est Java?
20 Pourquoi veut-il aider à la cuisine?

www.mesplatspréférés.com

Mes plats préférés

J'adore la poutine.

La poutine, c'est des frites avec de la sauce brune et du fromage fondu dessus.

 2a La poutine, ils en mangent ou ils n'en mangent pas? Qu'est-ce qu'ils préfèrent? (1–4)

Les sous-marins

Au Québec, on appelle un sandwich-baguette un sous-marin.

Prenez une baguette.

Coupez-la en deux.

Mettez du beurre dessus

et ajoutez …

du jambon	des cornichons	du fromage	du saucisson
du thon	des tomates en rondelles		

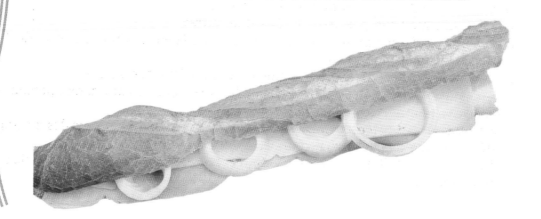

2b Invente un sandwich. Comment le fais-tu?

Exemple:
Le sandwich aux saucisses avec du ketchup.
Prenez deux tranches de pain …

2c En groupe, fais un sondage: Quel est ton sandwich préféré?

2d Fais un résumé des résultats.

Le sandwich préféré de la classe c'est le sandwich …
Il y a une personne qui préfère le sandwich …
Il y a … personnes qui préfèrent …

Glossaire du web

3a Trouve la définition qui correspond.

1 @ arobase
2 binettes
3 courriel
4 e-zine
5 gratuiciel
6 ICQ
7 logiciel
8 télécharger
9 Url

A C'est un magazine ou un journal qui t'est envoyé par courriel.
B C'est un outil d'application pour ordinateur.
C Adresse e-mail composée de chiffres et de lettres.
D Un gratuiciel pour chater avec tes amis du monde entier. Son nom vient de 'I seek you' ('Je te cherche' en anglais).
E On trouve ce symbole dans les adresses de courrier électronique.
F Transférer un document ou un logiciel de l'internet à son ordinateur personnel.
G Courrier électronique ou e-mail.
H Ce sont des petits signes utilisés pour exprimer ses émotions dans des messages déposés dans des forums ou dans des groupes de discussion.
I Un logiciel gratuit que tu peux télécharger pour augmenter les capacités de ton navigateur, etc.

3b Trouve la binette qui correspond.

1 you are sad
2 you are left-handed
3 you are happy
4 you are wearing a walkman
5 you are a punk
6 you wear glasses
7 you are crying

Les binettes		
A :-) ou 😊	tu es content(e)
B ;-(	tu es malheureux(euse)
C (-:	tu es gaucher(ère)
D 8-)	tu portes des lunettes
E :'-(	tu pleures
F -:-) ou 😊	tu es un(e) punk
G [:- ou 😊	tu portes un baladeur

3c Invente trois binettes.

4 Choisis un thème et prépare ton site web.

Qui suis-je?   Ma famille   Ma ville   Mes loisirs   Mes plats préférés

Mots

Ma famille — *My family*

mon frère	*my brother*
mon père	*my father*
mon cousin	*my cousin(m)*
mon grand-père	*my grandfather*
mon oncle	*my uncle*
mon demi-frère	*my stepbrother*
ma sœur	*my sister*
ma mère	*my mother*
ma cousine	*my cousin(f)*
ma grand-mère	*my grandmother*
ma tante	*my aunt*
ma demi-sœur	*my stepsister*

Les professions — *Professions*

Il/Elle est acteur(trice)	*actor/actress*
Il/Elle est coiffeur(euse)	*hairdresser*
Il/Elle est cuisinier(ière)	*chef*
Il/Elle est entrepreneur(euse)	*a (building) contractor*
Il/Elle est fermier(ière)	*farmer*
Il/Elle est graphiste	*graphic designer*
Il/Elle est infirmier(ière)	*nurse*
Il/Elle est informaticien(ienne)	*computer scientist*
Il/Elle est ingénieur	*engineer*
Il/Elle est (femme) maçon	*builder*
Il/Elle est mécanicien(ienne)	*mechanic*
Il/Elle est (femme) médecin	*doctor*
Il/Elle est (femme) menuisier	*joiner*
Il/Elle est vétérinaire	*vet*
Il/Elle travaille à son compte.	*He/She is self-employed.*
Il/Elle est au chômage.	*He/She is unemployed.*
Il/Elle travaille dans …	*He/She works in …*
un bureau	*an office*
un cabinet médical	*a doctor's surgery*
une entreprise	*a company*
un garage	*a garage*
un salon de coiffure	*a hairdresser's*
un supermarché	*a supermarket*
à la banque	*at the bank*
à la maison	*at home*
à la poste	*at the post office*
sur un chantier	*on a building site*
Je vais (être) …	*I'm going to be …*
Il/Elle va (travailler)	*He/She is going (to work)*

À la maison — *At home*

un appartement	*flat*
un immeuble	*block of flats*
une maison	*house*
Tu habites ici depuis quand?/Tu y habites depuis quand?	*How long have you lived here?*
J'habite ici depuis … ans.	*I've been living here for … years.*
Il/Elle y habite depuis …	*He/She has been living there for …*
Où habites-tu?	*Where do you live?*
Où habite ton copain?	*Where does your friend live?*
au premier étage	*on the first floor*
au deuxième étage	*on the second floor*
au rez-de-chaussée	*on the ground floor*
au sous-sol	*in the basement*
la chambre	*bedroom*
la cuisine	*kitchen*
l'escalier	*stairs*
le jardin	*garden*
la salle de bains	*bathroom*
la salle à manger	*dining room*
le salon	*lounge*
premier(ière)	*first*
deuxième	*second*
troisième	*third*

Est-ce que je peux … ?	*Can I … ?*
aller me coucher	*go to bed*
avoir quelque chose à boire	*have something to drink*
avoir quelque chose à manger	*have something to eat*
emprunter un pull	*borrow a jumper*
ouvrir la fenêtre	*open the window*
parler à mon prof	*speak to my teacher*
téléphoner à mes parents	*phone my parents*
Je peux …?	*May I …?*
Oui, bien sûr, tu peux.	*Yes, of course you can.*
J'ai faim/soif.	*I'm hungry/thirsty.*
J'ai froid/chaud.	*I'm cold/hot.*
Je suis fatigué(e).	*I'm tired.*
J'ai oublié …	*I've forgotten …*
J'ai perdu …	*I've lost …*
J'ai besoin de …	*I need …*
l'après-shampooing	*conditioner*

Est-ce que je peux vous aider?	*May I help you?*
Tu peux … ?	*Can you … ?*
aller chercher de l'eau	*fetch the water*
débarrasser la table	*clear the table*
faire le lit	*make the bed*
mettre la table	*set the table*
passer l'aspirateur	*vacuum*
ranger les affaires	*tidy up*
sortir le chien	*take the dog out for a walk*
sortir la poubelle	*take out the rubbish*
vider le lave-vaisselle	*empty the dishwasher*
Oui, je veux bien.	*Yes, of course.*
Il/Elle a fait la vaisselle.	*He/She did the washing up.*

Mettons la table!	*Let's set the table!*
l'assiette *(f)*	*plate*
le bol	*bowl*
le couteau (à pain)	*(bread) knife*
la cuillère	*spoon*
la petite cuillère	*teaspoon*
la fourchette	*fork*
la paille	*drinking straw*
le pain	*bread*
le sac en plastique/ le sac poubelle	*binbag*
le saladier	*salad bowl*
les serviettes	*serviettes*
la tasse	*cup*
le verre	*glass*
Nous avons besoin d'assiettes.	*We need plates.*
Il faut aller le/la/les chercher.	*You'll have to look for it/them.*
Il me faut …	*I need …*
Il/Elle s'entend bien avec …	*He/She gets on well with …*
Il/Elle ne s'entend pas bien avec …	*He/She doesn't get on well with …*
(Mon frère) m'énerve.	*(My brother) annoys me.*
s'amuser	*to enjoy oneself*
se disputer avec	*to argue with*
s'entendre	*to get on with*
s'énerver	*to annoy*
se plaindre	*to complain*
devoir	*to have to*

1 *Le week-end*

***Saying what you are going to do, using the* futur proche**

● Qu'est-ce qu'on va faire demain, Delphine?
● Bon demain, c'est samedi et tu vas rester 'en famille', c'est-à-dire que tu vas rester avec nous. Je vais te montrer un peu la ville. Nous allons faire une promenade dans la ville, faire les magasins et à midi, nous allons déjeuner au snack où nous allons retrouver mes copains et leurs corres.
● Et l'après-midi?
● À deux heures et demie nous allons jouer au volley au terrain de sport du collège, et le soir il y a une boum chez Mélissa. Elle a un grand jardin, et ses parents vont faire un barbecue.
● Cool! Et dimanche?
● Dimanche, c'est toujours 'en famille'. Le matin nous allons faire la grasse matinée.
● La grasse matinée, qu'est-ce que c'est?
● On reste au lit jusqu'à dix heures et puis on prend notre petit déjeuner. Aimes-tu les croissants?
● Ah oui, j'adore.
● Bon, on mange des croissants et puis nous allons chez mes grands-parents. Ils habitent à la campagne. Nous allons déjeuner chez eux. Mamie cuisine très bien. Elle va faire un plat typique de la région. Après le déjeuner mes parents vont faire une promenade et nous allons faire une balade en vélo. Tu aimes faire du vélo?
● Oui, j'aime bien.

Delphine
Kirsty

 1a Lis et écoute.

 1b C'est quel jour? C'est le matin, l'après-midi ou le soir?

A   B   C   D   E   F   G

1c À deux. Qu'est-ce que Kirsty va faire ce week-end? Prépare dix phrases.

● Samedi matin, elle va rester en famille …

Rappel	Talking about what you are going to do
je vais	nous allons
tu vas	vous allez
il/elle va	ils/elles vont
e.g. Je vais faire une promenade.	
Il va jouer au basket.	

 2a Qu'est-ce que Nicolas et Ian vont faire? Copie et complète la grille.

A  B  C  D

E  F  G  H

samedi			dimanche		
matin	après-midi	soir	matin	après-midi	soir

 2b À deux. Vérifiez.

● Samedi matin, ils vont …

 2c Écris un résumé pour Ian.

Samedi tu vas te lever à … et puis tu vas …

3 Ton/Ta corres vient chez toi. Explique-lui ce que vous allez faire.

Samedi, nous allons …

2 Nous allons ...

Talking about where you are going to go and where you have been

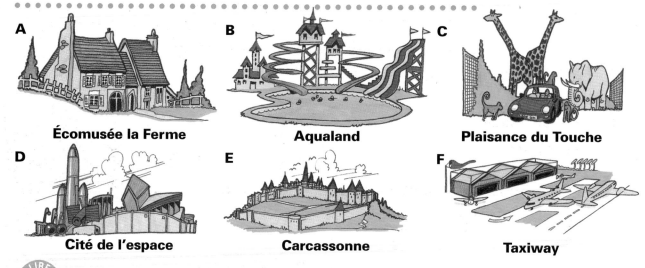

A Écomusée la Ferme

B Aqualand

C Plaisance du Touche

D Cité de l'espace

E Carcassonne

F Taxiway

 1a Trouve la bonne image pour chaque description.

1

Un parc aquatique dans une ambiance tropicale, avec toboggans vertigineux, piscines à vagues, kamikase, etc.

2

Une découverte de l'espace interactive et originale avec Planétarium, parc Ariane 5, et sa salle d'exposition. Comment lance-t-on une fusée? Comment est fait un satellite?

3

Le plus grand site aéronautique d'Europe. Un tour extérieur en bus, un film documentaire et une vue du hall où sont assemblés les AIRBUS.

4

Authentique ferme du XIXe siècle. Vous êtes invité à découvrir la vie de nos arrière-grands-parents. Reconstitution d'une cuisine-chambre d'autrefois, sa cheminée, son lit, sa vaisselle et son linge.

5

Une réserve africaine sur 15 hectares. La visite se fait en voiture ou en car. Il y a près de 450 animaux à découvrir.

6

La plus grande ville fortifiée d'Europe. Elle compte 52 tours sur 3 km de remparts.

1b Lis et trouve.

Trouve le mot ou la phrase:
- **a** unité de mesure de surface
- **b** mouvement de la surface de l'eau
- **c** un véhicule qui transporte plusieurs personnes
- **d** un parc où l'on peut voir des animaux sauvages
- **e** les murs d'enceinte d'une ville
- **f** un vaisseau spatial qui remorque les satellites
- **g** les parents des grands-parents
- **h** un endroit où l'on peut observer le mouvement des étoiles et des planètes

1c Copie et complète le programme.

	Où?	*Quoi?*
lundi		
mardi		

 1d Fais un résumé.

Lundi, on va …

 2a C'est quel jour? (Regarde l'activité 1c.) C'était comment?

1

Aujourd'hui nous sommes allés au Parc Aqualand. C'était super. Nous avons nagé et nous avons bavardé et nous nous sommes amusés. Je me suis fait un nouveau petit copain.   Chloé

2

Aujourd'hui nous avons visité un écomusée. C'était un peu long et j'ai trouvé ça un peu ennuyeux. Ce n'est pas mon truc.   **Yann**

3

Aujourd'hui nous sommes allés à l'usine où l'on fabrique les Airbus. C'était intéressant mais moi, j'aurais préféré aller en ville avec ma copine.
Jean-Luc

4

C'était vraiment cool. Nous avons eu de la chance parce qu'il y avait une vraie astronaute qui était là aussi, et elle nous a parlé des problèmes de la vie dans l'espace.   Aïcha

5

Aujourd'hui nous avons visité une ancienne ville fortifiée. C'était très pittoresque mais le voyage en car était long et j'aurais préféré aller à Aqualand encore une fois. Ça, c'était super.   **Florence**

6

J'adore les animaux, mais aller les voir en car, ce n'est pas mon truc, c'était plutôt pour les petits. J'aurais préféré avoir plus de temps libre pour m'amuser avec les autres.
Sylvain

2b C'est quel jour? C'était comment selon Manu? (1–6)

2c Qu'est-ce qu'ils ont aimé et qu'est-ce qu'ils n'ont pas aimé?

3 Où est la poste, s'il vous plaît?

Asking about where places are and how to get there

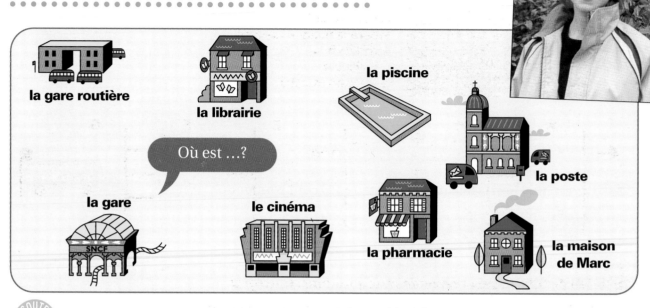

la gare routière

la librairie

la piscine

Où est ...?

la gare

le cinéma

la poste

la pharmacie

la maison de Marc

ÉCOUTER

1a Trouve les endroits sur le plan de Godeville.
C'est loin? (1–8)

Il/Elle est à	2 5 10 15 20	minutes d'ici.

PARLER

1b Travaillez à deux. Posez et répondez aux questions.

- ● Où est ...?
- ● Il/Elle est   dans la rue ...
                    sur la place du marché
                    en face de ...
                    à côté de ...
- ● C'est loin?
- ● C'est à ... minutes d'ici.
- ● Merci.

y	there
pour	(in order) to

LIRE

1c Où est-ce?

1 Ici on peut acheter des médicaments.
2 On vient ici pour prendre le bus.
3 Mon copain habite ici.
4 On y va pour voir un film.
5 On y va pour nager.
6 On y va pour prendre le train.
7 On y va pour acheter des timbres.
8 Ici on peut acheter des livres et des revues.

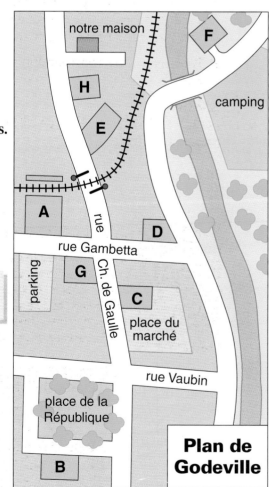

notre maison

F

H

camping

E

A

D

rue Gambetta

rue

Ch. de Gaulle

parking

G

C

place du marché

rue Vaubin

place de la République

B

Plan de Godeville

2a Où vont-ils? C'est dans quelle direction? Écoute et note. (1–6)

Pourriez-vous me dire où se trouve/trouvent ...?	l'hypermarché la gare/la banque/la poste l'arrêt de bus les toilettes la place du marché

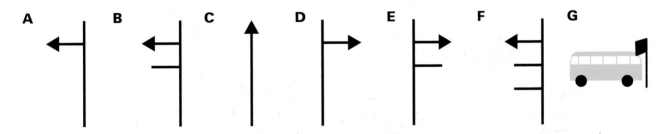

2b Jeu de rôle. Posez et répondez aux questions: vouvoyez!

- Pardon madame, pourriez-vous me dire où se trouve la gare?
- Pardon monsieur, je cherche la poste.
- Excusez-moi, monsieur/madame, où est le musée?

- Pour aller (au supermarché) vous allez/prenez ...

3 Et chez toi? Fais une liste de directions utiles pour ton corres.

Rappel

Tutoyer: You use the **tu** form when speaking to one person who you know well or who is younger than you.

Vouvoyer: You use the **vous** form when speaking to someone older or to more than one person.

Pour aller	au collège/à la pharmacie/au cinéma
tu/vous	prends/prenez le bus ligne .../le car de ramassage/la première rue ... vas/allez le long de la rue ... /tout droit tournes/tournez à gauche/droite ... continues/continuez jusqu'aux feux/au carrefour ... traverses/traversez la rue/le pont/la place ...
C'est à	...minutes/un quart d'heure/une demi-heure d'ici

Mini-test   I can ...

- talk about the near future
- give my opinion about a visit
- ask how to get somewhere and give directions ...
- ... say how long it takes to get there

4 Visite du musée

Talking about the past

1a Lis et écoute.

À la découverte du passé

Hier nous sommes allés à l'Écomusée. Il y avait une ferme restaurée comme dans les années 1880. Le guide nous a raconté comment c'était.

Les maisons étaient très petites. On avait une seule pièce. Il y avait une cheminée et on faisait la cuisine sur le feu. Il y avait un grand lit derrière un rideau dans un coin. Toute la famille dormait dans le même lit. Il y avait une table, deux chaises et des tabourets autour de la table. Il n'y avait pas d'électricité, et on n'avait pas d'eau dans la maison. Les enfants allaient chercher de l'eau à la fontaine au village. Dans le village, il y avait aussi un four communal et un lavoir communal. La mère préparait le pain et le portait au four pour le faire cuire. Elle lavait le linge au lavoir communal avec toutes les autres femmes.

Le père travaillait dans les champs, la mère s'occupait du potager (jardin où elle cultivait des légumes pour la soupe). Les petits enfants allaient chercher du bois pour le feu, les garçons travaillaient dans les champs. Les filles s'occupaient des petits enfants et des chèvres. Elles faisaient du fromage de chèvre et le vendaient au marché. La vie était difficile. Il n'y avait pas de chauffage central, pas de voitures, pas de télé …

seul(e)	*single/only one*

 un tabouret    **une chèvre**   **le rideau**   **le potager**

Le détective

Talking about the past: the perfect tense and the imperfect tense.

*The perfect tense (**le passé composé**) is the one you already know. It is used when talking about one particular time in the past, e.g. I went to town yesterday.*

The imperfect tense is used when:

i. *talking about something that used to happen regularly:*

   Je faisais du vélo.   *I used to go cycling.*

ii. *or talking about something that went on for a long time:*

   J'habitais à Paris.   *I used to live in Paris.*

(See also page 50 for a further use of the imperfect tense.)

avoir		**être**		**faire**	
j'avais	nous avions	j'étais	nous étions	je faisais	nous faisions
tu avais	vous aviez	tu étais	vous étiez	tu faisais	vous faisiez
il/elle avait	ils/elles avaient	il/elle était	ils/elles étaient	il/elle faisait	ils/elles faisaient

Pour en savoir plus ➡ page 139, pt 4.11

1b À deux. Relisez et faites la liste des verbes dans le texte qui sont à l'imparfait.

Exemple: *Il y avait (avoir)*

 1c Lis et réponds. Qui …

1 allaient chercher de l'eau à la fontaine?
2 faisait du pain?
3 faisaient du fromage de chèvre?
4 s'occupait du jardin?

5 travaillaient dans les champs?
6 lavait le linge?
7 allaient chercher du bois?
8 dormait dans le grand lit?

 1d Copie et complète les phrases avec le verbe entre parenthèses.

1 Dans le village il n'y avait pas de grandes maisons. Les maisons … petites. (être)
2 Il n'y avait pas de chauffage central, il y … une cheminée. (avoir)
3 On n'avait pas de four à gaz, on … la cuisine sur le feu. (faire)
4 Il n'y avait pas de chambre, on … dans un grand lit. (dormir)
5 Il n'y avait pas d'électricité, on … avec des petites lampes à huile. (éclairer)
6 Il n'y avait pas d'eau courante, on … chercher de l'eau à la fontaine. (aller)
7 Le père n'allait pas au bureau, il … dans les champs. (travailler)
8 Les garçons n'allaient pas à l'école, ils … dans les champs. (travailler)
9 Les filles ne faisaient pas les magasins, elles … des petits enfants. (s'occuper)
10 La vie … difficile! (être)

 2a Comparez! Discutez ensemble et faites la liste des différences entre:

L'année 1900
On allait à pied.
On dormait …
On mangeait …
On buvait …
On faisait …

et aujourd'hui
On prend le bus.
On dort …
On mange …
On boit …
On ne fait pas de …

Quelques expressions utiles	
on ne pouvait pas …	*you couldn't …*
on peut …	*you can …*
il n'y avait pas de …	*there wasn't/ weren't …*
il y a …	*there is/are …*
il fallait …	*you had to …*
il ne faut pas …	*you don't have to…*

 2b Quels sont les changements les plus importants du vingtième siècle, selon Joël et Karima? Pourquoi?

 **2c** Choisis les cinq changements les plus importants des vingt dernières années et décris-les.

Exemples:

5 Qui a volé les merguez?

Talking about what happened: using the perfect and imperfect tense

B.O.U.M.
chez Mélissa
samedi soir
de 19h00 à 22h00
Apporte ton maillot!

Samedi soir, il y avait une boum chez Mélissa. Elle habite une grande maison à la campagne. Il y a un énorme jardin avec une grande piscine et un coin barbecue. Ses parents s'occupaient du barbecue. Ils avaient une grande table avec des tas de choses à manger, des burgers, des saucisses, du fromage, des chips, de la salade, et aussi à boire, il y avait du panaché (un mélange de limonade et de bière – mais pas beaucoup de bière!) et du coca et du jus de fruits. Nous nous sommes baignés, nous avons joué, dansé, rigolé, écouté de la musique, dragué et tout ça, mais quand le père nous a appelé à table … les merguez n'étaient plus là!

Guillaume, le frère aîné de Mélissa a joué le détective et il a interviewé tout le monde, en posant la question: Que faisais-tu avant que mon père appelle tout le monde à table?

les merguez

1a Lis et écoute.

1b Lis et réponds.

1 Qui a fait une boum?
2 Où habite-elle?
3 Le jardin est comment?
4 Qu'est-ce qu'il y avait à manger?
5 Qu'est-ce qu'il y avait à boire?
6 Qu'est-ce qu'on a fait?

Le détective

More about the imperfect

The imperfect tense is also used to describe what you were doing when something else happened.
e.g.
Je lisais un livre quand mon ami m'a téléphoné.
I was reading a book when my friend telephoned me.
Note: the other verb is in the perfect tense.

Pour en savoir plus ➡ page 139, pt 4.11

1c Que faisaient-ils et avec qui? Écoute et note. (1–6)

Olivia   Océane   Tiffany   Éric et Delphine   Louise et Ahmed   Nicolas

A je draguais

B je nageais

C je jouais

D je lisais

E je dansais

F je fumais

1d À deux. Vérifiez.

- Que faisait Olivia?
- Elle nageait avec Marjolaine et … Que faisait … ?

Marjolaine   **Charlotte**   **Jack**   **Daniel**   **Rebecca**   **Heather**

1e La boum, c'était comment? Qu'est-ce qu'ils ont fait? (1–7)

Olivia   Tiffany   Océane   Éric et Delphine   Louise et Ahmed   Nicolas   le chien Kiki

A ennuyeux   **B** génial   **C** cool   **D** super   **E** nul

> Je me suis fait un nouveau copain/une nouvelle copine.

> Je me suis disputé(e) avec mon copain/ma copine.

> J'ai trop mangé.

> J'ai trop bu.

	C'était comment?					*autre*
Olivia						

2a Fais un résumé. (Le passé composé ou l'imparfait?)

💡 *Use the perfect tense to say what these people did at the party.*

Exemple: (Olivia) a (nagé) …

2b Imagine que tu as été à la boum. Qu'as-tu fait? Écris dans ton journal.

> *Hier soir je suis allé(e) à la boum de Mélissa. Il (faire) beau. Le jardin (être) très grand. Il y (avoir) une grande piscine et un terrain de volley. Nous (nager) et (jouer) au volley. J'(avoir) très faim. Il y (avoir) des merguez et des burgers. J'ai …*

Bilan et Contrôle révision

I can …

ask what we are going to do tomorrow …	Qu'est-ce qu'on va faire demain?
… and say five things we are going to do	Nous allons faire une promenade en ville, faire les magasins, manger au snack, retrouver nos copains et leurs corres, jouer au volley
say what I am going to do in the morning …	Le matin je vais me lever à sept heures.
… and in the afternoon …	L'après-midi je vais aller au cinéma.
… and in the evening	Le soir je vais aller chez mon copain/ ma copine.

I can …

name five places that I would like to visit	un parc aquatique, un parc d'attractions, un musée, un château, un parc safari
say what I thought about a visit	C'était intéressant/super/cool/pas mal/ennuyeux/un peu long Ce n'est pas mon truc.

I can …

ask and say where somewhere is	Où est le cinéma, la banque, l'hypermarché? Il/Elle est dans la rue …, sur la place du marché, en face de …, à côté de …
ask how to get somewhere …	Pardon madame/monsieur, pourriez-vous me dire où se trouve/trouvent … l'hypermarché/la gare/l'arrêt de bus/les toilettes/la banque/la poste/la place du marché?
… and give directions …	Tu prends/Vous prenez … la première/deuxième rue à gauche/à droite la deuxième/troisième rue à gauche Tu vas/Vous allez tout droit. Prends/Prenez le bus, ligne …
… and say how long it takes to get there	C'est loin? C'est à … minutes d'ici.

I can …

name five things that have changed in the last hundred years	On n'avait pas d'ordinateur. On cuisait le pain au four communal. On dormait dans un grand lit. On allait chercher de l'eau à la fontaine. On lavait le linge au lavoir communal. On n'avait pas d'électricité.

1 Où vont-ils? Qu'est-ce qu'ils vont faire? C'est comment?

lundi	mardi	mercredi	jeudi	vendredi

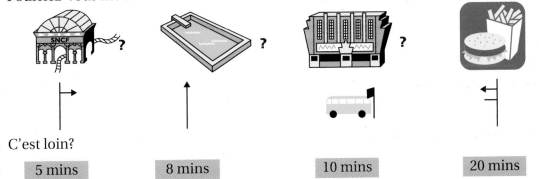

A   B   C   D   E

F ✔✔   G ✔   H −   I ✗

2 À tour de rôle. Posez les questions et donnez des directions.

● Pourriez-vous me dire où se trouve …?

    ?   ?   ?   ?

●

● C'est loin?

●   5 mins   8 mins   10 mins   20 mins

3 Lis et réponds.

1 Où est-elle allée?
2 C'est où?
3 Comment y est-elle allée?
4 Elle y est allée avec qui?
5 Qu'est-ce qu'elle y a fait?
   (3 choses)
6 Qui est Sylvestre?
7 Où habite-il?
8 Qu'est-ce qu'ils vont faire?

> Hier matin nous sommes allés au parc d'attractions Aquamonde. J'y suis allée avec mes parents et mon petit frère Sébastien. C'est à vingt minutes d'ici. Nous y sommes allés en vélo. C'était long! Nous nous sommes baignés et nous avons pique-niqué. Après le déjeuner nous sommes allés au bar pour boire un café et je me suis fait un nouveau petit copain, qui s'appelle Sylvestre. Nous avons bavardé et nous avons joué au tennis ensemble et nous nous sommes bien amusés. Il habite à Paris, mais on va se revoir en ville demain.
>
> Isabelle

4 Où es-tu allé(e)? Qu'est-ce que tu as fait? C'était comment?

matin: parg town village   cycling

après-midi: swimming   swim

soir: stay home   bbq   friends

Visite à Poitiers

A Le château des Aigles
B L'île aux Serpents
C La Vallée des Singes
D Futuroscope
E Parc de Loisirs des Petites Minaudières

LIRE

1a C'est quelle attraction? Trouve l'image qui correspond.

ÉCOUTER

1b Où vont-ils aller? Qu'est-ce qu'ils vont faire? Écoute et remplis l'agenda. (1–5)

lundi	
mardi	

1c À deux. Vérifiez vos réponses.

- Lundi ils vont aller …
- Ils vont visiter/faire/regarder …
- Oui, d'accord./Non, ils vont aller …

1d Fais l'agenda.

Lundi …
Mardi …

2a Où sont-ils allés? C'était quel jour?

1

Aujourd'hui nous avons visité ███████. Il y a une tour, d'où l'on a une belle vue du parc, un cinéma Imax, un tapis magique, l'aquascope et un Astratour. Ce que j'ai aimé le plus, c'était le cinéma dynamique.

2

Aujourd'hui nous sommes allés au ███████. Il y avait des grands faucons et des aigles. Ils sont énormes. J'ai eu peur quand ils nous ont survolés. Je ne savais pas qu'ils étaient si grands.

3

Aujourd'hui nous sommes allés à ███████. Il y avait beaucoup de différentes sortes de singes, mais ils ont une très mauvaise odeur et je ne les aime pas tellement.

4

Nous sommes allés au ███████. Nous nous sommes baignés et nous avons fait du canoë, et j'ai joué au minigolf avec mes copains. Nous avons emporté un pique-nique et nous avons acheté des glaces et des boissons au bar.

5

Aujourd'hui nous sommes allés à ███████. Nous avons vu des crocodiles et des serpents et nous avons assisté au nourrissage-spectacle des crocodiles et des piranhas. Je ne vais plus jamais me baigner dans une rivière, surtout dans une rivière dans un pays où il y a des crocodiles ou des piranhas!

2b C'était comment? Pourquoi? (1–5)

C'était … drôle   cool   intéressant   ennuyeux   impressionnant

2c À deux! Jouez!

Nous sommes allé(e)s au parc d'attractions et nous avons vu/visité/fait/mangé/joué …

 2d Choisis une attraction. Où est-ce que tu es allé(e)? Qu'est-ce que tu as vu? C'était comment?

Mon père

Mon père nous a raconté que quand il était petit il passait les grandes vacances chez ses grands-parents à la campagne. Ils habitaient un petit village entouré de champs et de bois. Ils avaient une petite ferme avec des vaches et des poules. Mon grand-père s'occupait des animaux et ma grand-mère s'occupait de la famille. Ils avaient cinq enfants. Mon arrière-grand-père avait un jardin potager où il faisait pousser des légumes pour nourrir sa famille. Il n'y avait pas d'eau à la maison. Mon père devait aller chercher de l'eau de la fontaine à cinquante mètres de la maison. Mon arrière-grand-mère lavait le linge au lavoir communal du village et on faisait cuire le pain dans le four communal. Ma grand-mère préparait la pâte et mon père la portait au four. Mon père aidait à la ferme, il ramassait les œufs, il aidait son grand-père à traire les vaches et une fois par semaine il allait à pied en ville avec sa grand-mère pour vendre les légumes au marché. Il aimait ça parce que sa grand-mère lui achetait toujours une glace ou des bonbons. La glace était quelque chose d'extraordinaire pour lui, parce qu'on n'avait pas de frigo à la maison. **Julien**

 Lis et comprends. Lis et réponds aux questions!

1 Où habitaient les arrière-grands-parents de Julien?
2 C'était comment?
3 Que faisait son arrière-grand-père?
4 Que faisait son arrière-grand-mère?
5 Où devait-il aller pour chercher de l'eau?
6 Où sa grand-mère lavait-elle le linge?
7 Où faisait-elle cuire le pain?
8 Que faisait le père de Julien pour aider à la ferme?
9 Pourquoi allait-il en ville?
10 Comment y allait-il?

 Lis et trouve les mots.

to bake	chickens
to collect	cows
to feed	eggs
to grow	fields
to milk	washing
to sell	woods

 Écoute et note.

1 Pourquoi son père aimait-il le samedi soir en été?
2 Où mangeaient-ils?
3 Qui préparait le repas?
4 De quel instrument jouait son grand-père?
5 Que faisaient les autres?
6 À quelle heure se couchait son père?
7 Que faisaient-ils en hiver?
8 Pourquoi se couchaient-ils plus tôt en hiver?

 Donne cinq raisons pour lesquelles tu préfères vivre aujourd'hui.

Je préfère vivre aujourd'hui parce que …

Autrefois …

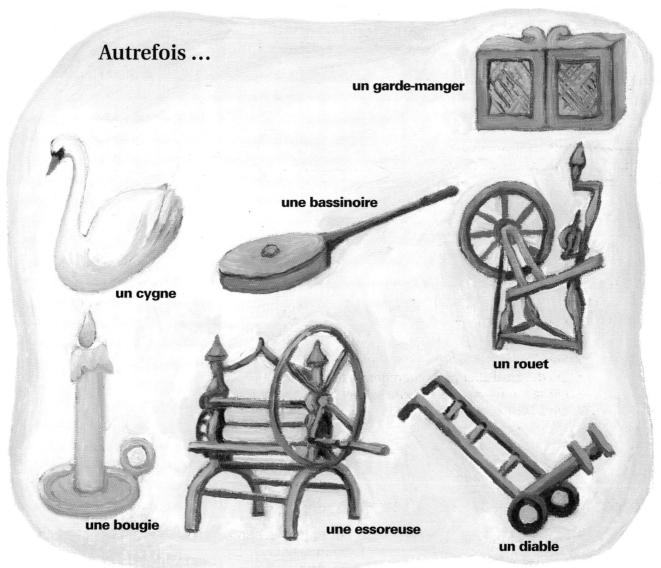

un garde-manger

une bassinoire

un cygne

un rouet

une bougie

une essoreuse

un diable

 4a À deux. Devinette. Ça servait à quoi?

- On le portait?
- Non, je ne pense pas.
- On le mangeait?

- Oui, …
- On l'utilisait pour …?

 4b Complète la phrase. Un garde-manger on l'utilisait …

pour transporter des affaires
pour conserver la nourriture
pour réchauffer le lit
pour préparer la laine
pour éclairer
pour sécher le linge

Mots

Le week-end	*The weekend*
Qu'est-ce qu'on va faire demain?	*What are we going to do tomorrow?*
Le matin	*In the morning*
L'après-midi	*In the afternoon*
Le soir	*In the evening*
Nous allons …	*We're going to …*
manger au snack	*eat at the fast food restaurant*
faire une balade en vélo	*go for a bike ride*
faire la grasse matinée	*have a lie-in*
faire les magasins	*go shopping*
faire une promenade	*go for a walk*
jouer au volley	*play volleyball*
rester en famille	*spend time with the family*
retrouver nos copains	*meet our friends*
Nous allons visiter …	*We're going to visit …*
un château	*a castle*
un musée	*a museum*
un parc aquatique	*a water park*
un parc d'attractions	*a theme park*
un parc safari	*a safari park*

C'était comment?	*What was it like?*
C'était …	*It was …*
drôle	*funny*
génial	*brilliant*
impressionnant	*impressive*
intéressant	*interesting*
super	*great*
cool	*cool*
nul	*useless*
pas mal	*OK*
ennuyeux	*boring*
un peu long	*a bit long*
Ce n'est pas mon truc.	*It's not my thing.*

Pour aller …	*To get to …*
Je cherche …	*I'm looking for …*
Où est … ?	*Where is … ?*
Pourriez-vous me dire òu se trouve(nt) (la gare/les toilettes)?	*Where is the station/ are the toilets?*
l'arrêt de bus	*bus stop*
la banque	*bank*
le cinéma	*cinema*
la gare	*station*
la gare routière	*bus station*
l'hypermarché	*hypermarket*
la librairie	*bookshop*
la maison de Marc	*Marc's house*
la pharmacie	*chemist*
la piscine	*swimming pool*
la place du marché	*market place*
la poste	*post office*
les toilettes	*toilets*
C'est loin?	*Is it far?*
C'est à … minutes d'ici.	*It's … minutes from here.*

Pour aller à/au/à l'/ à la aux …	*To get to …*
Prends/Prenez le bus ligne …	*Take the bus no …*
le car de ramassage	*school bus*
jusqu'aux feux/ au carrefour	*up to the traffic lights/ crossroads*
le pont	*the bridge*
la place	*the square*
Prends/Prenez la première/deuxième rue	*Take the first/second street*
à gauche/à droite	*on the left/on the right*
Tu vas/Vous allez tout droit.	*Go straight on.*
Tu vas/Vous allez le long de la rue …	*Go down … Street.*
Tourne/Tournez	*Turn*
Continue/Continuez	*Carry on/Continue*
Traverse/Traversez	*Cross*
Il/Elle est dans la rue …	*It's in … Street.*
en face de	*opposite*
à côté de	*next to*
sur la place du marché	*in the market square*

L'imparfait	*The imperfect*
On allait	*They used to go*
On avait	*They used to have*
On buvait	*They used to drink*
On cuisinait	*They used to cook*
On dormait	*They used to sleep*
On faisait	*They used to do/make*
On lavait	*They used to wash*
On mangeait	*They used to eat*
Il fallait …	*You had to …*
On pouvait …	*You could …*
Il n'y avait pas de …	*There wasn't any …*
On habitait	*They lived*
On travaillait	*They worked*

La boum	*The party*
Je dansais	*I was dancing*
Je draguais	*I was flirting*
Je fumais	*I was smoking*
Je jouais	*I was playing*
Je lisais	*I was reading*
Je nageais	*I was swimming*
Je me suis fait un nouveau copain (une nouvelle copine).	*I made a new friend.*
Je me suis disputé(e) avec mon copain (ma copine).	*I had an argument with my friend.*
J'ai trop bu.	*I drank too much.*
J'ai trop mangé.	*I ate too much.*

1 *Tu gardes la forme?*

Talking about what you do to keep fit

• •

Que fais-tu?

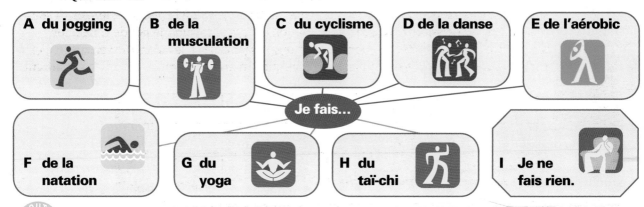

A du jogging	**B de la musculation**	**C du cyclisme**	**D de la danse**	**E de l'aérobic**

Je fais…

| **F de la natation** | **G du yoga** | **H du taï-chi** | **I Je ne fais rien.** |

1a Écoute et répète. Attention à la prononciation!

1b Que font-ils pour garder la forme? Combien de fois et pourquoi?
Trouve la bonne phrase. (1–8)

Mathieu   Julie   Guillaume   Axel   Valentin   Catherine   Christelle   Aurélie

Combien de fois?	*de temps en temps/tous les jours/souvent/deux fois par semaine/ une fois par semaine*
Pourquoi?	*Parce que ça détend/c'est bon pour la santé/mon ami(e) en fait/ j'aime bien/pour garder la forme*
	Je ne fais rien. *Je n'ai pas le temps/je n'aime pas le sport*

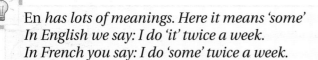

En has lots of meanings. Here it means 'some'
In English we say: I do 'it' twice a week.
In French you say: I do 'some' twice a week.

1c Que font-ils pour garder la forme? Vérifiez à deux.

- Que fait **Mathieu**?
- **Il** fait du jogging.
- **Il en** fait combien de fois par semaine?
- **Il en** fait **deux fois par semaine**.
- Et pourquoi **il en** fait?
- Parce que **c'est bon pour la santé**.

1d Que fait Laurent pour garder la forme? Copie et remplis son agenda.

Je fais du cyclisme. Je m'entraîne deux fois par semaine, le mercredi après-midi et le dimanche après-midi, et pour garder la forme je fais du jogging tous les jours avant d'aller au collège. Je fais de la musculation trois fois par semaine, le mardi soir, le jeudi soir et le samedi après-midi. Et je fais du taï-chi le mercredi matin. Le lundi soir, je vais à la piscine et le samedi soir, je vais au club des jeunes et je joue au badminton avec mes copains. Je fais de la natation parce que c'est bon pour la respiration. Je ne regarde jamais la télévision, c'est ennuyeux, et je jouais au football, mais je ne joue plus parce que je n'ai pas le temps. **Laurent**

	matin	après-midi	soir
le lundi	jogging		
le mardi			

2a Les résultats de notre sondage. Que font-ils pour garder la forme?
Combien de fois par semaine en font-ils? Copie et complète la grille. (1–22)

nom	activité	de temps en temps	1x	2x	3+x	ne fait rien

ne … rien	*nothing*	Je ne fais rien. *I don't do anything.*
ne … plus	*no longer*	Je n'en fais plus. *I don't do it any longer.*
ne … jamais	*never*	Je n'en fais jamais. *I never do it.*
ne … que	*only*	Il n'y a qu'un garçon qui en fait. *There is only one boy who does it.*

2b Interviewe ton/ta partenaire.

- Que fais-tu pour garder la forme?
- Tu en fais combien de fois par semaine?
- Et pourquoi tu en fais?

- Je fais …
- J'en fais …
- Parce que …

2c En groupe. Trouvez quelqu'un dans la classe:

- qui fait moins d'une heure de sport par semaine
- qui fait plus de 3 heures de sport par semaine
- qui ne fait jamais de sport
- qui faisait du sport mais n'en fait plus.

2d Qu'est-ce que tu fais? Pourquoi?

Moi: Je fais … J'en fais … (souvent; deux fois par semaine).
J'ai choisi … parce que … (ça détend/c'est bon pour la santé).
Je faisais … mais je n'en fais plus.
Je vais faire … parce que (j'ai besoin de plus d'exercice/mon ami en fait).

(Daniel/Sophie) fait … Il/Elle en fait … Il/Elle en faisait … Il/Elle va faire …

2 Bougez!

An exercise programme; telling someone what to do

Dix minutes d'activité physique quatre fois par jour pour une vie active saine!

Commencez!

1 Tenez-vous droit.
Rentrez le ventre.
Baissez les épaules.
Regardez devant vous.

2 Levez les bras, doucement.
Comptez jusqu'à dix.

3 Baissez les bras, doucement, et
détendez-vous. Respirez.

4 Pliez les jambes.

5 Baissez la tête.

6 Imaginez que vous tenez un grand ballon.
Tendez les bras devant vous et
détendez-vous.

7 Touchez vos doigts de pied avec vos mains.

8 Tenez-vous droit, respirez, détendez-vous
et souriez!

Et on recommence …

1a Écoute et répète.

1b Trouve l'image qui correspond à chaque instruction.

A   B   C  D  E  F  G   H

Le détective

Giving instructions

*When you are giving instructions in French you omit the **tu** or **vous**, just as in English.*

*When you are telling someone what not to do you put the **ne … pas** around the verb as usual.*

	tu	vous	tu	vous
toucher	touche	touchez	ne touche pas	ne touchez pas
lire	lis	lisez	ne lis pas	ne lisez pas

• *Note: the **tu** form of –er verbs drops the –s.*

Reflexive verbs

Some of these will probably sound familiar!

	tu	vous
se lever	lève-toi	levez-vous
s'asseoir	assieds-toi	asseyez-vous
se taire	tais-toi	taisez-vous

Pour en savoir plus ➡ page 136, pt 4.6

1c En groupe. Jouez à 'Jacques a dit ...' (Il faut vouvoyer!)

fermez/ne fermez pas	la bouche/les yeux
touchez-vous/ne vous touchez pas	les pieds/les genoux/le nez/les oreilles ...
tirez-vous/ne vous tirez pas	les cheveux/les pouces/les oreilles/le nez
ouvrez/n'ouvrez pas	la bouche
haussez/ne haussez pas	les épaules
étirez/n'étirez pas	les bras/les doigts

hausser	*to shrug*
étirer	*to stretch*

2a Fais la liste des instructions en utilisant les verbes ci-dessous:
a en tutoyant   **b** en vouvoyant.

entrer	se dépêcher	se taire	manger	ouvrir
écouter	lire	parler	écrire	ranger

Rappel

ton/votre livre

tes/vos affaires

2b Écoute et vérifie.

3 À deux. Donne un conseil (il faut vouvoyer).

1 Ne ... pas la télé, ... -vous. (*regarder/bouger*)
2 Ne ... pas à la maison, ... plus de sport. (*rester/faire*)
3 Ne ... pas de frites, ... des légumes. (*manger/choisir*)
4 Ne ... pas le bus, ... -y à pied. (*prendre/aller*)
5 Ne ... pas de cigarettes, ... du sport. (*fumer/faire*)
6 Ne ... pas sur l'herbe, ... le sentier. (*marcher/suivre*)
7 Ne ... pas trop la télé, ... un livre. (*regarder/lire*)
8 Ne ... pas trop de limonade, ... plus d'eau. (*boire*)

Faites-en encore deux.

9 Ne ... pas ..., ...!
10 ... ...

Le détective

Choisir

Some **-ir** *verbs change the stem in the plural.*

je choisis	nous chois**issons**
tu choisis	vous chois**issez**
il/elle choisit	ils/elles chois**issent**

Other verbs like **choisir** *include:* **finir** *and* **remplir**.

Pour en savoir plus ➡ page 134, pt 4.2

3 Bonne cuisine, bonne mine

Talking about healthy eating

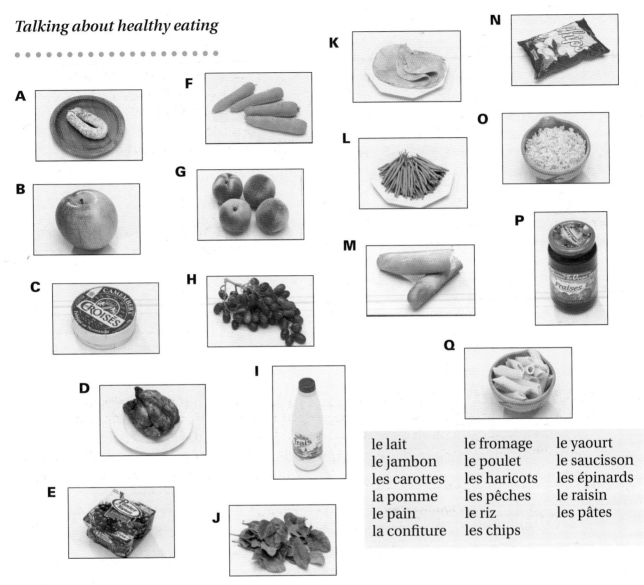

le lait   le fromage   le yaourt
le jambon   le poulet   le saucisson
les carottes   les haricots   les épinards
la pomme   les pêches   le raisin
le pain   le riz   les pâtes
la confiture   les chips

1a **Brainstorming. À deux: qu'est-ce que c'est?**

- A, qu'est-ce que c'est?
- C'est … Ce sont … / Je ne sais pas.
- B, qu'est-ce que c'est ?

1b **Écoute et vérifie. (A–Q)**

1c **Fais la liste des aliments par groupe. Copie et complète la grille.**
Ajoute d'autres aliments à ta liste.

les produits laitiers	les céréales	les viandes	les fruits et légumes	autres

1d Lis et trouve le dessin qui correspond.

Chaque jour il faut manger:

1 Deux portions de produits laitiers; ils sont riches en calcium et en protéines et bâtissent le corps et les os.

2 Quatre portions de céréales parce qu'elles apportent des glucides (sucres) et donnent de l'énergie.

3 Une portion de viande; elle est riche en protéines, en vitamines et en fer et elle nourrit les muscles et les organes.

4 Cinq portions de légumes ou de fruits parce qu'ils apportent des vitamines et des fibres et qu'ils protègent le corps contre les maladies.

5 Et il faut boire plus de deux litres de liquide pour apporter de l'eau à tout l'organisme.

A **B** **C** **D** **E**

2a Qu'est-ce qu'Étienne a mangé et bu hier? Copie et complète la grille.

petit déjeuner	midi	goûter	dîner	autres

2b Donne-lui un conseil.

(Le chocolat chaud) est bon pour la santé parce que le lait apporte du calcium.
n'est pas bon pour la santé parce qu'il apporte trop de sucre.

Tu manges trop de/tu ne manges/bois pas assez de …
Tu dois manger/boire plus de …/moins de …

| assez de | enough | moins de | less |
| trop de | too much | plus de | more |

2c Qu'est-ce que tu as mangé et bu hier?

J'ai mangé/bu … c'est bon/ce n'est pas bon parce que …
Je mange/bois trop de …/je ne mange/bois pas assez de …
Je dois manger/boire plus de …/moins de …

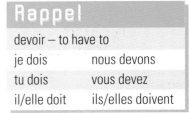

3a Interviewe ton/ta partenaire et note ses réponses.

● Qu'est-ce que tu as mangé hier au petit déjeuner/ au déjeuner/au goûter/au dîner?
As-tu mangé/bu autre chose?

3b Analyse ses réponses et donne-lui un conseil.

Tu manges/bois trop de … ce n'est pas bon … parce que …
Tu dois manger/boire moins/plus de …

Mini-test	I can …
● say what I do to keep fit	● talk about healthy food …
● say how often and why I do it	● … and give advice about healthy food
● give instructions	

soixante-cinq **65**

4 Portrait d'un champion

Talking about what you used to do

• •

➤ *Qu'est-ce qu'il faut faire pour devenir un champion, Nadir?*

➤ Pour devenir un champion, vous devez suivre de nombreuses séances d'entraînement, vous devez manger sainement et vous ne devez pas faire de bêtises. Il faut de la discipline!

➤ *Que faites-vous?*

➤ Je me lève tôt et je fais trois heures d'exercice. Je fais du stretching, du jogging et de la musculation chaque matin. L'après-midi, je fais encore deux heures d'exercice, du saut à la corde, et puis on joue au basket.

➤ *Vous faites ça depuis quand?*

➤ Je fais ça depuis huit ans. À quatorze ans ma mère en avait assez de me voir traîner dans les rues et faire semblant d'être un grand sportif, et je ne faisais pas mes devoirs. Elle m'a inscrit au club de basket.

➤ *Vous avez aimé ça?*

➤ D'abord, j'ai beaucoup aimé mais je ne suivais aucun entraînement. C'était facile pour moi parce que je mesure 1m92. J'ai marqué beaucoup de buts et nous avons gagné tous les concours régionaux.

➤ *Et après?*

➤ Nous sommes montés en première division et nous avons dû jouer contre de meilleures équipes; nous avons perdu et nous avons été relégués.

➤ *Et cela ne vous a pas plu?*

➤ Non, pas du tout. J'ai dû renoncer à mes vieilles habitudes. J'étais paresseux. Je fumais, je mangeais des frites et des burgers, je buvais du coca, je ne travaillais pas au collège … je ne m'entraînais pas … Je passais trop de temps avec mes amis au bar, on se disputait, on allait voir des films, on jouait au babyfoot, on jouait avec nos Playstations, on regardait des vidéos …

➤ *Ça a été difficile de changer vos habitudes?*

➤ Non, au contraire, j'étais content, parce que je m'ennuyais. Je n'avais pas de but dans la vie. J'étais un nul. J'allais nulle part.

➤ *Et maintenant?*

➤ Maintenant j'ai un but, c'est de gagner le prochain mondial de basket avec l'équipe de France … et puis je veux devenir entraîneur sportif et aider les jeunes à trouver leur but dans la vie.

➤ *Merci.*

➤ Merci à vous.

en avoir assez	to have enough/be fed up
traîner	to hang around
un but	goal/aim
faire semblant de	to pretend to
ne … aucun(e)	not any

1a Lis et écoute.

1b Lis et réponds aux questions.

1 Que fait Nadir?
2 Qu'est-ce qu'il faut faire pour devenir un champion?
3 Il a quel âge?
4 Qui l'a inscrit au club de basket?
5 Pourquoi?
6 Quel est son but maintenant?

Choisis un adjectif pour le décrire à l'âge de 14 ans, et un adjectif pour le décrire maintenant.

Il était …
Maintenant il est …

1c Copie et complète les phrases. Que faisait Nadir quand il avait quatorze ans?

Rappel Saying what you used to do

Using the imperfect tense (**imparfait**)

avoir		être		faire	
j'avais	nous avions	j'étais	nous étions	je faisais	nous faisions
tu avais	vous aviez	tu étais	vous étiez	tu faisais	vous faisiez
il/elle avait	ils/elles avaient	il/elle était	ils/elles étaient	il/elle faisait	ils/elles faisaient

Pour en savoir plus ➡ page 139, pt 4.11

1 Il … paresseux (être), mais maintenant il …
2 Il … (fumer), mais maintenant il …
3 Il … des frites et des burgers (manger), mais maintenant il …
4 Il … du coca (boire), mais maintenant il …
5 Il ne … pas au collège (travailler), mais maintenant il …
6 Il ne … pas (s'entraîner), mais maintenant il …
7 Il … trop de temps avec ses amis (passer), mais maintenant il …
8 Il … voir des films (aller), mais maintenant il …
9 Il … au babyfoot (jouer), mais maintenant il …
10 Il … des vidéos (regarder), mais maintenant il …

1d Que faisaient-ils quand ils avaient quatorze ans? Écoute et note.(1–8)

2 Que faisais-tu quand tu étais plus jeune et qu'est-ce que tu fais maintenant?

Quand j'étais petit(e) je …

5 Dix conseils pour garder la forme

How to give advice

● ● ● ● ● ● ● ● ● ● ● ●

1a Trouve le dessin qui correspond.

A Mangez sainement.
B Buvez 2 à 3 litres d'eau par jour.
C Faites du sport.
D Évitez le stress.
E Ne fumez pas.
F Couchez-vous de bonne heure.
G Ne passez pas trop de temps devant le petit écran.
H Passez plus de temps en plein air.
I Ne passez pas trop de temps au soleil.
J Protégez-vous quand vous faites du sport.

1b Trouve la phrase qui correspond.

1 Ça peut provoquer un cancer du poumon.
2 Portez un casque.
3 Mettez de la crème anti-solaire.
4 C'est mauvais pour les yeux.
5 Évitez le centre-ville et la pollution des voitures.
6 Évitez les sucreries et mangez plus de fruits et de légumes.
7 Il suffit d'une heure d'exercice par jour.
8 Rangez votre chambre, faites vos devoirs et détendez-vous!
9 On dort mieux avant minuit.
10 Évitez les boissons très sucrées et gazeuses.

1c Trouve les mots qui indiquent …

1 les gourmandises, bonbons, etc.
2 quelque chose qu'on boit
3 60 minutes
4 la pièce où tu dors
5 l'organe qui sert à respirer
6 24h00
7 une partie de l'ordinateur ou de la télévision
8 les gaz d'échappement des véhicules
9 une préparation pour vous protéger contre les rayons du soleil
10 un chapeau pour se protéger la tête

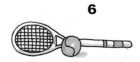

1d À deux. Choisissez les cinq règles les plus importantes. Pourquoi sont-elles les plus importantes?

1e Quelles règles choisissent-ils? D'accord ou pas? (1-5)

1f Choisis ou invente une liste de six règles que tu considères les plus importantes, et fais un poster.

La protection

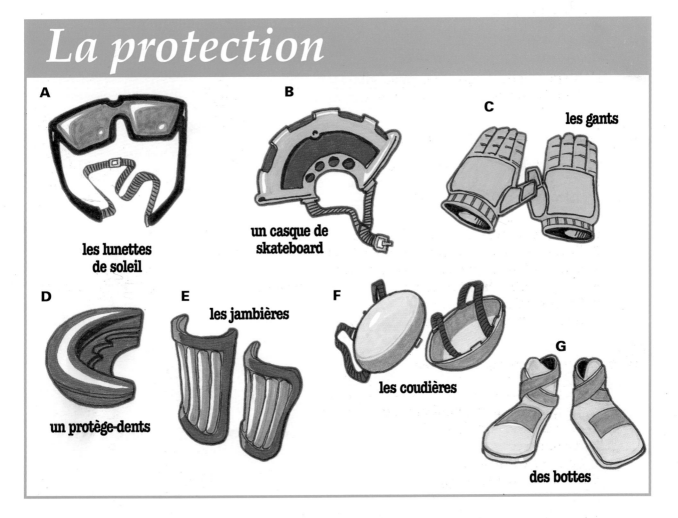

A les lunettes de soleil

B un casque de skateboard

C les gants

D un protège-dents

E les jambières

F les coudières

G des bottes

2a Brainstorming. Qu'est-ce que c'est? C'est fait pour protéger quelle partie du corps?

2b Écoute la pub. C'est pour quel article? (1–7)

2c Choisis un article de protection et fais une pub.

Bilan et Contrôle révision

I can …

ask someone what they do to keep fit …	Que fais-tu pour garder la forme?
… and say what I do to keep fit …	Je fais du jogging/de la musculation/du cyclisme/de la danse/de l'aérobic/de la natation/du yoga/du taï-chi Je ne fais rien.
… and say how often I do it …	J'en fais de temps en temps/tous les jours/souvent/une fois par semaine/deux fois par semaine
… and why I do it	Pourquoi? Parce que … ça détend/c'est bon pour la santé/mon ami(e) en fait/ j'aime bien
make up an exercise programme …	Commencez! Tenez-vous droit. Rentrez le ventre. Baissez les épaules. Regardez devant vous. Levez les bras, doucement.

I can …

give instructions using the tu and the vous forms	Touche/Touchez Ferme/Fermez; Ouvre/Ouvrez Hausse/Haussez

Talking about healthy eating:
I can …

name things in each food category	les produits laitiers, les céréales, les viandes, les fruits et légumes, autres: le lait, le jambon, les carottes, les pommes, les pêches, le pain, les pâtes, la confiture, le yaourt, le saucisson, le raisin
… and foods which are healthy and which are not so healthy	(le chocolat chaud) est bon pour la santé parce que … (le chocolat chaud) n'est pas bon pour la santé parce que …

I can …

say what I ate and drank yesterday	Pour le petit déjeuner j'ai mangé/bu …
comment on what I eat and drink …	Je mange/bois trop de … Je ne mange/bois pas assez de … Je dois manger/boire plus/moins de …
… and on what others eat and drink	Tu manges/bois trop de … Tu ne manges/bois pas assez de … Tu dois manger/boire plus de …/moins de …
say what I used to do, using the imperfect tense	J'avais …, J'étais …, Je faisais …
Give others advice about healthy living	Mangez sainement. Faites du sport. Ne fumez pas. Buvez 2 à 3 litres d'eau par jour.

1 Que font-ils? Combien de fois et pourquoi? (1–5)

A c'est bon pour la santé	**B** pour garder la forme	**C** mon ami(e) en fait
D j'aime bien	**E** ça détend	

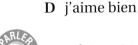

2 Que fais-tu? Interviewe ton/ta partenaire.

- Que fais-tu pour garder la forme?
- Tu en fais combien de fois par semaine?
- Pendant combien de temps?
- Et pourquoi tu en fais?

3 Qu'est-ce que Laurent a mangé hier?
Mange-t-il sainement ou pas?

> Pour le petit déjeuner j'ai mangé des céréales avec du lait et du sucre et j'ai bu du chocolat chaud. À la récré j'ai mangé un kit-kat et un Lion et j'ai bu un Fanta. Puis à midi j'ai mangé à la cantine un pamplemousse, un steak frites et un yaourt. Puis j'ai mangé des biscuits parce que j'avais encore faim. Après le collège je suis allé au snack avec mes copains et j'ai mangé un burger et j'ai bu un coca. Le soir nous avons mangé une pizza et de la salade verte, mais je n'ai pas mangé de salade parce que je n'avais plus faim.
>
> **Laurent**

petit déjeuner	
récré	
déjeuner	
goûter	
dîner	

4 Donne-lui un conseil.

> … est bon pour la santé parce que …
> … n'est pas bon pour la santé parce que …
> Tu manges trop de …
> Tu ne manges/bois pas assez de …
> Tu dois manger/boire plus de …/moins de …

1a Écoute et note. Que faisaient-ils l'année dernière? Que font-ils maintenant? Copie et complète la grille. (1–4)

									autres informations
Benjamin									
Chloé									
Guillaume									
Sandrine									

1b Fais la liste.

(Benjamin) faisait/ jouait … mais maintenant (il) fait … parce que …

1c C'est quel sport? Qu'en penses-tu?

Exemple: Je pense que c'est … parce que …

C'est un sport de contact pratiqué avec les pieds et les mains.

Pour en faire vous devez posséder:

1 une bonne condition physique

2 une intelligence tactique

3 des connaissances techniques

4 de la souplesse

5 de la discipline.

Il faut porter des protections pour vous protéger les pieds, les jambes, les mains, la tête et les dents quand vous faites de l'entraînement, et vous devez suivre des règles bien précises.

1d Lis et trouve.

- cinq parties du corps
- un mot qui signifie 'flexibilité'
- une phrase qui signifie que vous avez la forme
- un mot pour quelque chose qui protège
- la phrase qui dit qu'il faut faire attention aux instructions

2a Lis et écoute.

- Être actif tous les jours, c'est important. On est éveillé(e) de 14 à 16 heures par jour.
- Il faut seulement soixante minutes d'activité physique par jour pour rester en forme et réduire les risques de maladies. Saviez-vous que 63% des jeunes ne font pas suffisamment d'activité physique pour garder la forme?
- Combien de temps restez-vous assis(e) et combien de temps passez-vous dans une activité physique?

Hier matin je suis allée au collège à pied, ça fait à peu près 10 min. et à midi j'ai joué au volley pendant quelques minutes, peut-être encore 15 min. Puis après le collège je suis rentrée à pied, mais je suis passée par la maison de Philippe, ça fait encore 20 minutes et le soir j'ai sorti le chien, ça fait encore 40 minutes.   Françoise

Hier je suis allé au collège en vélo. Ça fait 7 minutes. J'ai eu un cours de sport, nous avons joué au basket, ça fait une demi-heure de jeu … Le soir je suis rentré en vélo, encore 7 minutes et j'ai fait mes devoirs et j'ai joué sur l'ordinateur.   Sylvain

Hier après le collège j'ai fait un cours d'aérobic pendant une heure et j'en fais le mercredi aussi. Puis j'ai eu un cours de volley, ça fait encore 45 minutes d'exercice et je suis rentrée du collège à pied, ça fait encore 8 minutes d'activité.   **Clotilde**

2b Lis et réponds.

1 Combien d'heures est-ce qu'on est éveillé(e) chaque jour?
2 Combien d'heures passe-t-on au lit par nuit?
3 Combien d'heures d'exercice faut-il faire chaque jour pour rester en forme?
4 Qui en fait le plus?
5 Qui en fait le moins?

2c Interviewe ton/ta partenaire. Hier …

en allant et rentrant du collège
going to and from school

- Combien d'heures as-tu passé au collège?
- Combien de temps as-tu passé en allant et rentrant du collège?
- Combien de temps as-tu passé dans la salle de bains?
- Combien de temps as-tu passé à table?
- Combien de temps as-tu passé devant la télé?
- Combien d'heures de devoirs as-tu fait?
- Combien de minutes d'activité physique as-tu fait?

3a Pourquoi font-ils de l'aérobic? Ils étaient comment avant? (1–6)

A

B

C

D

E

F

G

H

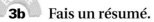

3b Fais un résumé.

Il/Elle fait de l'aérobic parce qu'il/elle était/avait/n'avait pas de …

4a Lis et écoute.

Le Code moral des arts martiaux

C'est une tradition des arts martiaux japonais de respecter ses adversaires.

La politesse
c'est le respect d'autrui

Le courage
c'est de faire ce qui est juste

La sincérité
c'est s'exprimer sans déguiser sa pensée

L'honneur
c'est d'être fidèle à la parole donnée

La modestie
c'est de parler de soi-même sans orgueil

Le respect
sans respect aucune confiance ne peut naître

Le contrôle de soi
c'est de savoir se taire lorsque monte la colère

l'amitié
c'est le plus pur des sentiments de l'être humain

Le judo c'est un bouquet de ces fleurs.

Nos objectifs

webmartial.com

4b Lis et trouve les mots.

- adversary
- politeness
- others
- that which is right
- express

- disguise
- one's thoughts
- faithful
- your word
- without pride

- confidence
- to be born/give rise to
- to be quiet
- anger
- the human being

 4c À deux. Mettez les codes par ordre d'importance.

- Je pense que (la politesse) est importante parce (qu'il faut respecter les autres).
- Je pense que c'est moins/plus important(e) que …

 4d Fais la liste des cinq qualités que tu trouves les plus importantes et explique pourquoi tu les trouves importantes.

 5a Vrai, faux ou je ne sais pas?

Le saviez-vous?

Avez-vous jamais regardé un concours de sumo à la télévision?

Les lutteurs de sumo sont séléctionnés à l'âge de 13 ou 14 ans. Ils doivent mesurer au moins 1,80m. Ils suivent un entraînement physique très intense et ils travaillent particulièrement leur souplesse. Pour entretenir leur formidable masse musculaire ils mangent de la soupe du sumotori qui est composée de poisson, de riz, de poulet, de bière et d'alcool de riz.

1 Le sumo est un sport japonais.
2 C'est un genre d'art martial.
3 Le lutteur doit forcer son adversaire à céder sa place.
4 On fait le sumo sur un terrain de sport.
5 Les lutteurs de sumo ont la forme.
6 Ils sont très grands et gros.
7 Ils sont souples.
8 Ils commencent leur entraînement à l'âge de 13 ans.
9 Ils font beaucoup d'entraînement.
10 Ils font un régime strict.
11 Ils sont très disciplinés.
12 Ils mangent sainement.

 5b Discutez. Qu'en pensez-vous? C'est un sport que vous aimez regarder ou pas?

 5c Qu'en pensent-ils?

Mots

Tu gardes la forme?	Do you keep fit?
Je fais …	I do/go …
de l'aérobic	aerobics
du cyclisme	cycling
de la danse	dancing
du jogging	jogging
de la musculation	weight training
de la natation	swimming
du taï-chi	t'ai chi
du yoga	yoga
Je ne fais rien.	I don't do anything.
Je ne fais jamais de sport.	I never do any sport.
J'en fais …	I do it …
de temps en temps	from time to time
souvent	often
tous les jours	every day
une/deux fois par semaine	once/twice a week
J'ai choisi … parce que …	I chose … because …
ça détend	it's relaxing
c'est bon pour la santé	it's good for your health
mon ami(e) en fait	my friend does it
pour garder la forme	to keep fit
Je faisais … mais je n'en fais plus.	I used to do … but I don't do it any more.
Je vais faire …	I'm going to do …
Je n'ai pas le temps.	I haven't got time.
Je n'aime pas le sport.	I don't like sport.
ne … rien	nothing
ne … plus	no longer
ne … jamais	never
ne … que	only

Les instructions	Giving instructions
Baisse/Baissez	Lower
Détend/Détendez	Relax
Étire/Étirez	Stretch
Ferme/Fermez	Close
Hausse/Haussez	Raise/Shrug
Lève/Levez	Lift
Ouvre/Ouvrez	Open
Tends/Tenez	Hold
Tire-toi/tirez-vous	Pull
Ne vous tirez pas	Don't pull
Touche-toi/ Touchez-vous	Touch
Ne vous touchez pas	Don't touch
la bouche	mouth
le cou	neck
l'épaule	shoulder
le front	forehead
la jambe	leg
les joues	cheeks
les lèvres	lips
la main	hand
le menton	chin
les paupières	eyelids
le pouce	thumb
la tête	head
le ventre	stomach
ranger	to tidy/put away
se taire	to be quiet
se dépêcher	to hurry up

Mangez bien	*Eat well*
les céréales	*cereals*
le pain	*bread*
les pâtes	*pasta*
le riz	*rice*
les fruits et légumes	*fruit and vegetables*
les carottes	*carrots*
les épinards	*spinach*
les haricots	*green beans*
la pêche	*peach*
la pomme	*apple*
le raisin	*grapes*
les produits laitiers	*dairy products*
le fromage	*cheese*
le lait	*milk*
le yaourt	*yoghurt*
les viandes	*meats*
le jambon	*ham*
le poulet	*chicken*
le saucisson	*sausage*
la confiture	*jam*
les chips	*crisps*
Tu manges/bois trop de …	*You eat/drink too much …*
pas assez de …	*not enough …*
C'est bon/Ce n'est pas bon pour la santé.	*It's good/not good for your health.*
Je dois manger plus/ moins de …	*I should eat more/ less …*
Hier j'ai mangé/bu …	*Yesterday I ate/drank …*

Quand j'étais plus jeune	*When I was younger*
J'étais paresseux(euse).	*I was lazy.*
Je fumais.	*I used to smoke.*
Je jouais …	*I used to play …*
Je faisais …	*I used to do/play …*
Je mangeais …	*I used to eat …*
Je travaillais …	*I used to work …*
Je m'entraînais.	*I used to train.*
Je passais du temps …	*I used to spend time …*
J'allais …	*I used to go …*
Je regardais …	*I used to watch …*
Je buvais …	*I used to drink …*
Mangez sainement.	*Eat healthily.*
Buvez (2 à 3) litres d'eau par jour.	*Drink (2 to 3) litres of water a day.*
Faites du sport.	*Do some sport.*
Évitez le stress.	*Avoid stress.*
Ne fumez pas.	*Don't smoke.*
Couchez-vous de bonne heure.	*Go to bed early.*
Ne passez pas trop de temps au soleil.	*Don't spend too much time in the sun.*
Protégez-vous quand vous faites du sport.	*Wear protection when you do sport.*
Portez un casque.	*Wear a helmet.*
Mettez de la crème anti-solaire.	*Put on sun cream.*
Évitez les sucreries.	*Avoid sweet things.*
Évitez le centre-ville et la pollution des voitures.	*Avoid the town centre and traffic pollution.*
Mangez plus de fruits et de légumes.	*Eat more fruit and vegetables.*
Rangez votre chambre.	*Tidy your room.*
Faites vos devoirs.	*Do your homework.*
Détendez-vous.	*Relax.*
Évitez les boissons très sucrées et gazeuses.	*Avoid very sweet and fizzy drinks.*

1 *Les vêtements*

Talking about what you are wearing

A

B

C

1a Écoute et trouve le bon dessin. (1–3)

1b À deux: Décrivez les vêtements.

| Il/Elle porte | un pantalon/un jean/un short/un pull
un tee-shirt/un chemisier/un sweat
un polo/un gilet/un blouson
une robe/une jupe/une chemise
des sandales/des chaussures/
des baskets/des tennis | noir

rouge
bleue

blanches |

Le détective

Attention aux couleurs!

*Adjectives of colour always come **after** the word they are describing.*

Sing.		Plural	
Masc.	**Fem.**	**Masc.**	**Fem.**
blanc	blanche	blancs	blanches
noir	noire	noirs	noires
vert	verte	verts	vertes
bleu	bleue	bleus	bleues
gris	grise	gris	grises

*Adjectives which end in **e** add an **s** in the plural: e.g. rouge; rose; jaune; beige.*

Some adjectives of colours don't change:

nouns being used as adjectives: e.g. marron; lilas; olive; moutarde; saumon; bordeaux.

and colours made up of two words: e.g. vert foncé; bleu clair; gris-bleu; rouge tomate.

Pour en savoir plus ➡ page 130, pt 3

Saying what colour(s) suit(s) you

le rouge me va	*red suits me*
le noir ne me va pas	*black doesn't suit me*
le bleu et le rouge me vont/ne me vont pas	*blue and red suit/don't suit me*
le jaune lui va/ne lui va pas	*yellow suits/doesn't suit him/her*
Quelle couleur te va?	*What colour suits you?*

2a **Quel tee-shirt préfèrent-ils? Pourquoi? (1–6)**

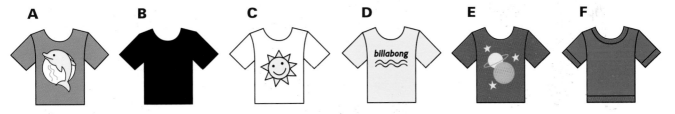

A B C D E F

2b **Interviewe ton/ta partenaire.**

- Quelles couleurs te vont?
- Quelles couleurs ne te vont pas?
- Quel tee-shirt préfères-tu?
- Pourquoi?
- ● Parce que je préfère la couleur/le dessin/le motif.
- Quel est le dernier vêtement que tu as acheté?

3a **Copie et complète la grille.**

Aujourd'hui je porte un tee-shirt rouge, un sweat bleu et un pantalon bleu marine. Hier je portais un chemisier noir, un pull rouge et un jean noir. Ce soir je vais à une boum. Je vais porter ma robe violette. Demain je vais chez ma grand-mère et je vais porter mon chemisier blanc, mon gilet rouge et ma jupe noire. Quand je sors le soir, je porte un pull ou un sweat et une jupe en jean et un collant, et en été je porte une robe.

aujourd'hui	*hier*	*ce soir*	*demain*	*le soir*	*en été*

3b **Fais une description de tes vêtements.**

- Qu'est-ce que tu portes aujourd'hui?
- Qu'est-ce que tu portais hier soir?
- Qu'est-ce que tu vas porter demain soir?

2 *Je voudrais …*

Shopping for clothes

- Bonjour. Je voudrais **un tee-shirt.**
- Oui, monsieur/madame … de quelle couleur?
- **Bordeaux.**
- Et quelle taille? Petit, moyen ou grand?
- **Moyen.**
- Voilà, **un tee-shirt 'Speedy', moyen, en bordeaux.**
- C'est du **coton**?
- Non, c'est du **polycoton**.
- Il coûte combien?
- **€28,18**
- Avez-vous quelque chose de moins cher?
- Oui, j'ai **un tee-shirt 'Winner'** mais je ne l'ai pas **en bordeaux.**
- Et il coûte combien?
- Alors, il coute **€14,58**
- Vous l'avez en quelles couleurs?
- En **bleu marine**, et en **vert foncé**.
- Le **vert** ne me va pas. Je prends le **bleu marine.**
- Le voilà.
- Merci, au revoir.
- Au revoir, monsieur/madame. Bonne fin de journée.

Le détective

The conditional

Je voudrais	*I would like*
Je pourrais	*I could*

Pour en savoir plus ➡ page 141, pt 4.14

1a Lis et écoute.

1b À deux. Jeu de rôle.
Faites le dialogue ensemble en changeant les mots en caractères gras.

pull en laine €64,46

sweat en jersey délavé €56,67

2a Qu'est-ce qu'ils achètent?

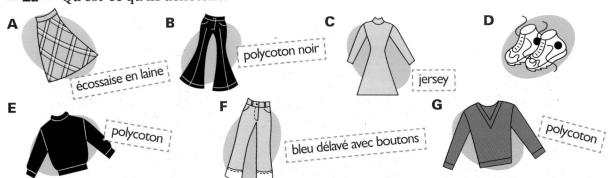

A *écossaise en laine*

B *polycoton noir*

C *jersey*

D

E *polycoton*

F *bleu délavé avec boutons*

G *polycoton*

1 Je préfère ce pull bleu en polycoton avec un col en V.
2 J'achète ce sweat noir avec un col roulé.
3 Je prends ce jean bleu délavé.
4 Je prends ces baskets blanches.
5 Je veux cette jupe écossaise.
6 J'achète ce pantalon en polycoton noir.
7 J'achète cette robe bleu clair en jersey.

écossais(e) *tartan (Scottish)*

Le détective

How to translate 'this' and 'that' (French uses one word for both).

Masc.	Fem.	Plural
ce (cet)*	cette	ces
ce sweat	cette veste	ces baskets

You use cet in front of masculine words which begin with a vowel or silent 'h':

e.g. cet ami, cet hôtel

Pour en savoir plus ➡ page 132, pt 3.5

2b Ils coûtent combien?

1 €47,97
2 €36,12
3 €33,10
4 €73,55
5 €17,24
6 €38,98
7 €19,07

2c Interviewe ton/ta partenaire.
Qu'est-ce que tu préfères?

● Je préfère ce/(cet)/cette/ces …

Connecting words

You can use these words to join phrases together to make more interesting, longer sentences:

aussi	*also*
car	*for*
en plus	*moreover*
et	*and*
mais	*but*
ou	*or*
puis	*then*

2d Lis et trouve. Quel est son vêtement préféré?

A   B   C

Mon vêtement préféré c'est un vieux cardigan zippé en laine noire que ma grand-mère a tricoté. Ce n'est pas exactement chic, et aussi il y a des trous aux coudes, que j'ai essayé de réparer, en plus il est déformé car je le porte toujours et puis il est souvent à la lessive, mais il est chaud et très confortable.

2e Quel est ton vêtement préféré? Décris-le.

3 La mode. Pour ou contre?

Talking about fashion

Qu'en penses-tu?

66 J'adore la mode. J'achète des magazines et j'essaie de suivre la mode avec mon argent de poche. Je veux être mannequin. J'ai acheté une jupe courte en cuir, c'est très chic et je veux acheter une veste en cuir.99
Marylène

66 Moi, la mode je ne m'en occupe pas. Ça ne m'intéresse pas. Je lave des voitures pour gagner de l'argent de poche et je le mets de côté pour acheter un ordinateur.99
Julien

66 La mode, c'est trop cher. Il faut avoir des chaussures dernier cri et elles coûtent horriblement cher. Je ne peux pas me les permettre. Je fais du babysitting pour gagner de l'argent, mais je mets mon argent de côté pour m'acheter des livres et des disques.99
Florence

66 La mode; ça ne m'intéresse pas. Je porte toujours un jean et un sweat. Je préfère dépenser mon argent pour des choses plus intéressantes. J'ai 4 euros d'argent de poche par semaine et je vais acheter un nouveau skate.99
Yann

66 Aujourd'hui, c'est très important d'être à la mode. J'adore m'acheter des vêtements et j'essaie de suivre la mode. Je m'occupe de mon petit frère pour gagner de l'argent. Je vais acheter un bikini pour la plage et une robe d'été.99
Isabelle

66 La mode, ça veut dire que tout le monde porte la même chose. C'est idiot de mettre un vêtement pour faire comme sa copine. Si je fais la vaisselle, ma mère me donne 8 euros par semaine et je les mets de côté pour acheter une guitare.99
Florian

66 La mode, c'est comme un uniforme. On la porte pour montrer qu'on est membre du groupe. J'ai commencé à mettre mon argent de poche de côté pour les vacances. Je vais faire un stage de planche à voile.99
Emmanuelle

1a Lis et écoute.

1b Lis et réponds aux questions.

1 Qui est pour la mode?
2 Qui est contre la mode?
3 Que font-ils pour gagner de l'argent de poche?
4 Que vont-ils faire de leur argent de poche?

> *Notice that some verbs are followed by à or de when used with another infinitive.*
>
> essayer de — *to try to*
> commencer à — *to begin to*
> s'intéresser à — *to be interested in*
> *Exemple:* J'essaie de suivre la mode.

1c Qu'en pensent-ils? Que font-ils de leur argent? (1–5)

	Pour	Contre				Autres
1						

2a Qu'en penses-tu? Interviewe ton/ta partenaire.

● Est-ce que tu es pour ou contre la mode?
● Dépenses-tu de l'argent pour suivre la mode?
● Que fais-tu pour gagner de l'argent?
● Que fais-tu de ton argent?   ● Je n'ai pas d'argent de poche.
       ● Je mets mon argent de poche de côté.
       ● J'achète …
● Qu'est-ce que tu as acheté la semaine dernière?
       ● J'ai acheté …
● Imagine que tu as gagné 800 euros. Qu'en fais-tu?
       ● Je vais acheter …/mettre l'argent de côté.

2b Écris un résumé.
Trouve des mots et phrases dans les textes pour t'aider à exprimer ton opinion et l'opinion de ton/ta partenaire.

Je suis pour/contre la mode parce que …
Je gagne …
J'en dépense pour …
La semaine dernière j'ai acheté …
J'ai gagné 800 euros et je vais acheter …

Il/Elle est …
Il/Elle gagne …
Il/Elle en dépense pour …
… il/elle a acheté …
Il/Elle a gagné … et il/elle va …

Mini-test   **I can …**

● say what I am wearing …   ● buy clothes in a shop
● … and what colour it is   ● talk about fashion
● say whether the colour suits me

4 *Copain-copine*

What makes a friend

. . . .

Quel copain es-tu?

J'ai un problème!

1 Toutes mes amies ont des fringues super-chouettes, mais moi, je dois porter les vieux vêtements de mes sœurs aînées, et j'ai honte. Mes amies se moquent de moi, elles ont toutes beaucoup d'argent et je n'en ai pas, ce n'est pas juste! **Céline**

2 Je m'énerve facilement. Mon petit frère m'énerve. Hier soir il est venu dans ma chambre pour m'emprunter des vêtements et m'a dérangé quand j'avais besoin de réviser pour un examen. Puis je me suis disputé avec mes parents parce qu'ils ont fait du bruit. En plus mes amis m'énervent parce qu'ils traînent dans la rue au lieu de faire quelque chose. Maintenant je n'ai plus d'amis. Qu'est-ce que je peux faire? **Valentin**

3 Je suis petit pour mon âge, et je ne suis pas fort en sport, mais j'aime jouer avec mon ordinateur et j'ai un ami internaute qui habite en Algérie. Nous nous envoyons des e-mails et nous nous intéressons au foot, au jeu à treize et au cyclisme tous les deux, mais je n'ai pas de petite copine et j'ai envie d'en avoir une, mais je ne sais pas comment faire. **Mathieu**

4 Je fume et ça me plaît. J'ai commencé à fumer parce que mes amis font la même chose. J'aime fumer parce que je me sens plus grande et que ça me donne confiance en moi, quand j'ai une clope à la main. Je sais que ce n'est pas bon pour la santé, et de temps en temps, j'ai envie de m'arrêter, mais quand je suis avec mes copains et qu'ils fument, je m'en fiche. **Noémie**

1a Lis et écoute.

avoir envie de	*to want to*
avoir honte	*to be ashamed*
avoir besoin de	*to need to*

1b Lis et trouve les mots.

Céline
1. un autre mot pour 'les vêtements'
2. deux mots qui signifient 'fantastiques'
3. un mot qui indique que sa sœur est plus âgée qu'elle
4. le verbe qui indique que ses amies rigolent.

Valentin
le verbe qui indique:
5. qu'il se dispute avec son frère
6. que son frère prend ses vêtements
7. que son frère ne le laisse pas en paix quand il fait ses devoirs
8. que ses amis ne font rien.

Mathieu
le mot qui indique:
9. quelqu'un qui surfe sur le net
10. une lettre que l'on envoie sur le net
11. le rugby
12. une fille qu'on aime.

Noémie
13. un mot d'argot pour 'une cigarette'
14. une phrase qui veut dire 'quelquefois'
15. un verbe qui veut dire 'finir de faire quelque chose'
16. une phrase qui veut dire que mettre sa santé en danger lui est égal.

1c À deux. Qui est …?

● Céline est … et …

impatient(e)	timide	égoïste	paresseux/euse	bête
jaloux/ouse	insupportable	enfantin(e)	de mauvaise humeur	

2a Fais deux listes.

Cherche les mots inconnus dans le vocabulaire!
Trouve d'autres mots ou expressions pour décrire quelqu'un.

Négatif	Positif

marrant(e)   bavard(e)   charmant(e)   sérieux/euse
intelligent(e)   poli(e)   farfelu(e)   stupide   gentil(le)

2b À deux. Trouvez quelqu'un pour chaque adjectif.

● Mon frère est impatient.
● Le prof est …

3a Qui parle: Céline, Valentin, Mathieu ou Noémie? (1–4)

3b Trouve la bonne réponse à chaque lettre dans l'activité 1a.

A Une petite copine, ce n'est pas comme un paquet de céréales qu'on achète au supermarché, c'est une personne avec qui on partage ses problèmes, ses soucis, ses succès et les bons moments.

B Tu es vraiment si bête que tu continues quand tu sais que ça peut provoquer le cancer du poumon? Je n'y crois pas. Je pense que tu es paresseuse et trop influencée par ta bande.

C Il me semble que tu es jalouse et que ce n'est pas une qualité attirante. Il y a beaucoup de gens qui ont beaucoup moins d'argent que toi, et si tes amies sont stupides, il faut en trouver d'autres.

D Tu pourrais proposer des activités sportives à tes amis, et tu pourrais être un peu plus patient avec ton frère, il est plus jeune que toi. Tu pourrais lui donner le bon exemple.

3c Jeu d'imagination. Choisis trois problèmes, complète les lettres et écris une réponse.

● J'ai un problème avec (les maths) et tout le monde se moque de moi.
  J'ai des boutons.
  Je n'ai pas d'amis/d'argent …
  Je porte des lunettes.
  Je suis gros(se).
  J'ai les cheveux frisés.

● Qu'est-ce que je peux faire?

● Tu pourrais (chercher un job/des infos sur le web/demander à un copain/une copine de t'aider/utiliser/acheter …)

5 *Bouge ta tête*

Talking about music

MC Solaar

C'est qui?
C'est le rappeur français le plus célèbre

Né: Claude M'Barari à Dakar, en Afrique en 1969.

Musique: rap intelligent et intellectuel

Albums: *Qui sème le vent récolte le tempo* (1991); *Prose combat* (1994) ; *Paradisiaque* (1997)

Paroles: antiracistes et pacifiques

Sa vie: Sa famille a déménagé à Paris quand il était petit. Il a grandi dans une banlieue parisienne, Villeneuve St-Georges. Sa mère était fan de jazz. Il voulait être joueur de football mais il a fait des études à l'université et a commencé à enregistrer ses premières chansons en même temps.

1a Lis et réponds aux questions.

| pat d'Eph = patte d'éléphant | *elephant foot* |
| pantalon pat d'Eph | *flared trousers* |

1 Quand est-il né?
2 Où est-il né?
3 Quand est-ce qu'il a déménagé à Paris?
4 Qu'est-ce qu'il voulait faire?
5 Où a-t-il fait ses études?
6 Quand est-ce qu'il a enregistré son premier album?

1b Écoute et lis.

Les temps changent
Au temps des jupes-culottes, j'étais cool à l'école
Mangeais à la cantine, y'avait pas de vache folle
À la télé, j'étais fana d'Ayato
Dans la rue, c'était l'aiguiseur de couteaux
Le must à l'époque était le pat d'Eph
Folon, Gilles Villeneuve et Michel Polnareff

Créateur d'avant-garde avant Gaultier
Je choquais, mes blue-jeans avaient quatre ourlets
Tu peux me nommer rappeur nostalgique ....
Néo-romantique aux actions bucoliques
Avant pour les gosses les grands étaient des mythes
Regarde maintenant c'est les parents qui flippent
Les temps changent

1c What do you think these mean in English?

jupes-culottes   *vache folle*   *aiguiseur de couteaux*
rappeur   *mythes*   *les parents qui flippent*

1d Trouve les mots ou phrases dans le texte pour:

1 2 items of clothing   5 a fashion designer   8 you can call me
2 a place where you eat   6 something which one   9 'kids'
3 a supporter/admirer   had to have   10 legend
4 in the street   7 'at the time'

1e **Fais un rap.**

Quand j'étais bébé je buvais du …
Je lisais …
Je portais …
Je regardais …

Maintenant que je suis grand(e) je mange …
Je parle avec …
Je chante …

Je cherchais …
Je mangeais des …
J'aimais …

Je drague …
Je danse avec …

2a **Quel genre de musique préfèrent-ils? Quel est le dernier album qu'ils ont acheté? (1–5)**

> rap

> jazz

> rock

> musique classique

> autre

> groupe

> chanteur

> chanteuse

2b **Fais un sondage de classe.**

- Quel genre de musique préfères-tu?
- Quel est le dernier album que tu as acheté?

2c **Fais un résumé des résultats.**

L'album le plus acheté, c'est …
Il y a … personnes qui préfèrent …
Il y a une personne qui préfère …
Personne ne préfère …

| personne ne … | *nobody* |

3a **Trouve quelqu'un pour chaque instrument.**

Exemple: *Wynton Marsalis joue de la trompette.*

la trompette le saxophone la batterie la guitare le piano le synthétiseur autres

3b **Choisis un musicien/une musicienne et fais un petit portrait.**

| jouer (de la trompette) | *to play (the trumpet)* |

Bilan et Contrôle révision

I can …

    name ten items of clothing …   un pantalon, un jean, un short, un pull, un tee-shirt, un chemisier, un sweat, une robe, une jupe, une chemise, des sandales, des chaussures, des baskets, des tennis

    … and say what I am (and someone else is) wearing   Je porte … Il/Elle porte …

    say what colour something is …   bleu(e)/rouge/vert(e)/jaune/noir(e)/gris(e)/bleu marine/bleu clair

    … and whether the colour suits/doesn't suit me   La couleur me va/ne me va pas.

I can …

    ask for something in a shop   Je voudrais un tee-shirt bordeaux.
    ask how much it costs   Il coûte combien?
    ask if there is anything cheaper   Avez-vous quelque chose de moins cher?
    say what I think about fashion   La mode, qu'en penses-tu? Je trouve que … À mon avis … Selon moi …

I can …

    say how much pocket money I get   J'ai … d'argent de poche. Je fais (du babysitting) et je gagne …

    say what I do with my money   J'achète … Je mets mon argent de côté.

I can …

    talk about teenage problems   J'ai un problème! J'ai besoin de …, j'ai honte …, j'ai envie de … Je m'énerve facilement. Je suis petit pour mon âge, je ne suis pas fort en sport, je ne sais pas comment faire …

    say what someone is like   Paul/ Céline est … impatient(e)/timide/égoïste/paresseux(euse)/bête/jaloux(ouse)/insupportable/enfantin(e)/de mauvaise humeur/marrant(e)/bavard(e)/charmant(e)/sérieux(euse)/intelligent(e)/poli(e) farfelu(e)/stupide/gentil(le)

    talk about music   Il y a … personnes qui préfèrent la musique rap/jazz/rock (Wynton Marsalis) joue de la trompette/de la batterie/du piano

1 Quel sweat préfèrent-ils? Pourquoi? (1–5)

A B C D E

2 À deux. Jeu de rôle: dans la boutique.

Partenaire A
- Bonjour …
- Je voudrais …
- Il/Elle coûte combien?
- Avez-vous quelque chose de moins cher?
- Merci, au revoir.

Partenaire B
- Bonjour monsieur/madame.
- Voilà un/une …
- Il/Elle coûte …
- Oui, j'ai un/une …/Non.
- Au revoir, monsieur/madame. Bonne fin de journée.

3 La mode. Copie et complète la grille.

	pour	contre	vêtements	argent de poche	dépenses
Mathieu					
Clémentine					
Myriam					

Normalement je porte un jean et un sweat. C'est pratique. Je ne m'y intéresse pas du tout. Selon moi, ce n'est pas important. Je mets mon argent de poche de côté pour les vacances. Je veux acheter un ordinateur. J'aide à la maison et je reçois 100F par semaine. **Mathieu**

Pour moi, la mode c'est important. Il ne faut pas donner mauvaise impression. Il faut s'habiller correctement. Pour aller au collège je porte un pantalon, un chemisier et un pull. Je fais du babysitting et je reçois environ 200F par semaine et j'achète du maquillage, des produits de beauté et j'en dépense pour les vêtements aussi. Clémentine

J'adore la mode. J'achète des magazines et j'essaie de la suivre mais je dois mettre mon argent de poche de côté pour les vacances et pour le shampooing et tout ça. Aujourd'hui je porte une jupe courte écossaise, un collant noir et un pull noir. Pour avoir de l'argent de poche je fais la vaisselle et je range ma chambre, et mes parents me donnent 100F par semaine. **Myriam**

4 Moi et les vêtements. Écris un paragraphe.

Qu'est-ce que tu portes?
Qu'est-ce que tu aimes porter?
Est-ce que tu es pour ou contre la mode?
Combien d'argent dépenses-tu pour les vêtements?
Préfères-tu les vêtements à la mode?
Quelles sortes de chaussures préfères-tu porter?
Que fais-tu pour gagner de l'argent?
Que fais-tu de ton argent?

En Plus *Magazine*

Le look

1a   C'est quel look?

1 le look décontracté	**2** le look classique	**3** le look sportif	**4** le look hiver

1b   Que portent-ils? Qui parle? (1–4)

1c   À deux.

a   Que portent-ils?

●   Que porte Claire?
●   Elle porte …

b   Que vont-ils porter pour aller à la boum ce soir?

Claire   **Amélie**    **Éric**   **Benjamin**

c   Et qu'est-ce qu'ils ont porté ce matin? Qu'est-ce qu'ils ont fait?
(Cherche les mots inconnus dans le dictionnaire.)

Claire   **Amélie**   **Éric**   **Benjamin**

1d   Que portent-ils? Choisis deux personnes et fais la description de ce qu'ils portent, ce qu'ils vont porter ce soir et ce qu'ils ont porté ce matin.

En ce moment il/elle porte …
Pour aller à la boum il/elle va porter …
Ce matin il/elle a porté …

Mon uniforme

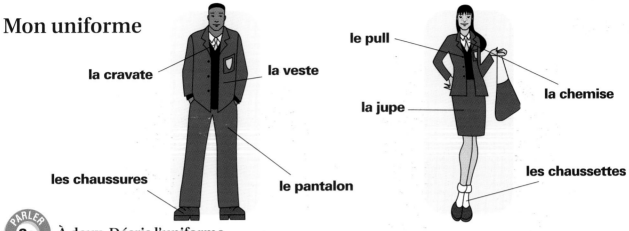

la cravate — **la veste**

le pull — **la chemise**

la jupe

les chaussures — **le pantalon**

les chaussettes

2a À deux. Décris l'uniforme.

● Il porte … Elle porte …

2b Décris ton uniforme ou invente un uniforme et décris-le.

3a L'uniforme. Ils sont pour (✔), contre (✗) ou indécis (O)?

1 C'est bien parce qu'on sait toujours quoi mettre.

2 C'est bien parce qu'il n'y a pas de différences entre les riches et les pauvres.

3 Ce n'est pas mal. Ça fait plus discipliné.

4 Pour les filles, porter une cravate et une veste, c'est stupide.

5 Une veste coûte trop cher et ce n'est pas confortable.

6 **Tout le monde se ressemble, c'est monotone.**

7 On ne distingue pas les riches des pauvres.

8 Je trouve ça chic!

9 *C'est cher, moi je porte les mêmes choses tous les jours.*

10 Ça dépend. Nous portons une sorte d'uniforme parce que tout le monde porte un jean et un sweat, mais ça c'est plus pratique qu'une chemise et une cravate, et c'est moins cher aussi.

3b Pour ou contre? Qu'en pensent-ils? (1–7)

bien   bof   nul
✔   –   ✗

3c À deux. Qu'en pensez-vous? Donnez deux raisons pour porter un uniforme et deux contre.

3d Fais un résumé.

Je pense que porter un uniforme c'est bien/ce n'est pas bien parce que …

As-tu de la mémoire?

Pour chaque question note le symbole qui correspond à ta réponse.

**Puis compte le nombre de ■, ▲ et ● que tu obtiens.
Attention: un symbole vert compte double!**

1 Pour apprendre une poésie de 12 vers par cœur, combien de temps te faut-il?
- ■ 24 minutes
- ▲ 24 jours
- ● 2 jours et 4 heures

2 D'après toi, plus on fait travailler sa mémoire
- ■ mieux elle fonctionne
- ▲ plus elle s'use
- ● plus il faut manger de chocolat noir

3 Un de tes bons copains te fait une grosse vacherie
- ▲ tu finis par oublier
- ■ tu pardonnes, mais tu n'oublies pas
- ● tu ne pardonnes pas et tu n'oublies pas

4 Le matin, quand la sonnerie du réveil t'arrache du sommeil ...
- ▲ tu te souviens tout juste de ton nom
- ■ tu te souviens de tous tes rêves
- ● tu te souviens qu'il faut finir tes devoirs

5 En général, les lettres et les cartes postales que tu reçois, tu les relis
- ■ souvent
- ● parfois
- ▲ de toute façon, personne ne t'écrit jamais

6 Te souviens-tu des vêtements que tu portais il y a six jours?
- ● vaguement
- ■ précisément
- ▲ pas du tout

7 Tu dois suivre une heure de cours, tu préfères un cours de
- ● maths
- ■ histoire
- ▲ français

8 Comment fais-tu pour te souvenir de l'anniversaire de tes proches?
- ▲ tu attends: ils vont bien te le rappeler
- ● tu les notes dans ton agenda
- ■ tu les connais par cœur

9 Peux-tu dire sans regarder, quels sont les numéros de téléphone de tes meilleurs amis?
- ▲ non, tu les a tous saisis sur ton portable
- ● bien sûr que tu les connais
- ■ tu en connais quelques-uns

10 Tu n'as pas la moindre idée de l'endroit où tu as posé ton sac
- ▲ tout le temps
- ● parfois
- ■ jamais

4a Trouve …

● Find five words which you can recognise because they remind you of an English word.
● Find five 'new' words that you can guess from the context.
● Find five words to learn!

 4b Lis et trouve les mots ou les phrases dans le texte.

1 to learn by heart
2 you have to (2 ways)`
3 You don't forget
4 do you remember
5 you remember that you've got to …
6 often
7 sometimes
8 nobody
9 anyhow
10 not at all
11 without looking
12 you have stored them all in the memory
13 some
14 you haven't the least idea
15 all the time

> *How to translate:*
>
> *to know a person or thing:* connaître – je connais
> *to know a fact:* savoir – je sais
> *to forget:* oublier – j'oublie
> *to remember:* se souvenir (de) – je me souviens de

 4c Écoute et note les réponses d'Étienne.

 4d À deux. Faites le jeu-test et notez vos réponses.

Tu obtiens une majorité de ■:
Tu as une mémoire vive.
Tu as une excellente mémoire. Plus on utilise sa mémoire, plus elle se développe.

Tu obtiens une majorité de ●:
Tu as une mémoire qui te joue des tours, ton cerveau garde en mémoire des informations insignifiantes et oublie les faits essentiels. Il suffit de la faire travailler régulièrement.

Tu obtiens une majorité de ▲:
Tu as mauvaise mémoire. La veille d'un examen tu oublies tout ce que tu as appris. Il faut faire de l'entraînement du cerveau.

 4e Écris une autre solution pour chaque question.

Exemple: Pour apprendre une poésie de 12 vers par cœur, combien de temps te faut-il?

■ 24 minutes
▲ 24 jours
● 2 jours et 4 heures
✚ *tu peux apprendre une chanson mais pas une poésie*

Mots

Les vêtements	Clothes	Les couleurs	Colours
Qu'est-ce que tu portes?	*What are you wearing?*	beige	*beige*
Je porte …	*I am wearing …*	blanc(he)	*white*
Ce soir je vais porter …	*Tonight I'm going to wear …*	bleu(e)	*blue*
		bordeaux	*maroon/burgundy*
Hier j'ai porté …	*Yesterday I wore …*	gris(e)	*grey*
un blouson	*jacket*	jaune	*yellow*
une chemise	*shirt*	lilas	*lilac*
un chemisier	*blouse*	marron	*brown*
un gilet	*cardigan*	noir(e)	*black*
un jean	*jeans*	rose	*pink*
une jupe	*skirt*	rouge	*red*
un pantalon	*trousers*	vert(e)	*green*
un polo	*polo shirt*	bleu clair	*light blue*
un pull	*jumper*	bleu marine	*navy blue*
une robe	*dress*	gris-bleu	*grey-blue*
un short	*shorts*	rouge tomate	*tomato red*
un sweat	*sweatshirt*	vert foncé	*dark green*
un tee-shirt	*T-shirt*		

		Je voudrais …	I would like …
des baskets (fpl)	*trainers*	Je voudrais un tee-shirt.	*I would like a T-shirt.*
des chaussures (fpl)	*shoes*	De quelle couleur?	*In what colour?*
des sandales (fpl)	*sandals*	En quelle taille?	*In what size?*
des tennis (fpl)	*tennis shoes*	moyen	*medium*
Quel tee-shirt préfères-tu?	*Which T-shirt do you like best?*	en coton	*cotton*
		écossais(e)	*tartan*
Quelles couleurs te vont?	*Which colours suit you?*	en jersey	*jersey material*
		en laine	*wool*
(Le rouge) me va.	*(Red) suits me.*	en polycoton	*polycotton*
Je préfère la couleur/ le dessin/le motif …	*I prefer the colour/ design/motif*	délavé(e)	*faded*
		Il/Elle coûte combien?	*How much is it?*
		Avez-vous quelque chose de moins cher?	*Have you anything cheaper?*
		Je préfère …	*I prefer …*
		ce/cet/cette/ces	*this/these*
		Je prends …	*I'll take …*

Qu'en penses-tu?	What do you think?
La mode, qu'en penses-tu?	What do you think about fashion?
À mon avis …	In my opinion …
Selon moi …	I think …
Je trouve que …	I think that …
Est-ce que tu es pour ou contre la mode?	Are you for or against fashion?
Je suis pour/contre la mode.	I am for/against fashion.
Dépenses-tu de l'argent pour suivre la mode?	Do you spend money to follow fashion?
Que fais-tu pour gagner de l'argent?	What do you do to earn money?
Je fais du babysitting.	I do babysitting.
Je gagne …	I earn …
J'ai … d'argent de poche.	I get … pocket money.
J'en dépense pour …	I spend it on …
J'achète …	I buy …
Je mets mon argent de côté.	I save my money.

J'ai un problème!	I've got a problem!
J'ai des boutons.	I've got spots.
Je n'ai pas d'amis/ d'argent.	I haven't got any friends/money.
Je porte des lunettes.	I wear glasses.
Je suis gros(se).	I'm fat.
J'ai les cheveux frisés.	I've got frizzy hair.
J'ai besoin de …	I need …
J'ai envie de …	I want to …
J'ai honte.	I'm ashamed.
Qu'est-ce que je peux faire?	What can I do?
Tu pourrais …	You could …
chercher un job	look for a job
chercher des infos sur le web	look for information on the web
demander à un copain/ une copine de t'aider	ask a friend to help you
utiliser	to use
acheter	to buy

Il/Elle est comment?	What is he/she like?
Il/Elle est …	He/She is …
bavard(e)	chatty
bête	stupid/silly
charmant(e)	charming/delightful
égoïste	selfish
enfantin(e)	childish
farfelu(e)	scatty
gentil(le)	kind
impatient(e)	impatient
insupportable	unbearable
intelligent(e)	clever
jaloux(ouse)	jealous
marrant(e)	funny
de mauvaise humeur	bad-tempered
poli(e)	polite
sérieux(euse)	reliable/serious
stupide	stupid
timide	shy

La musique	Music
Quel genre de musique préfères-tu?	What sort of music do you like best?
un groupe	group
un(e) chanteur(euse)	singer
le jazz	jazz
la musique classique	classical music
le rap	rap
le rock	rock music
la batterie	drums
la guitare	guitar
le piano	piano
le saxophone	saxophone
le synthétiseur	keyboard
la trompette	trumpet

1 *À la une!*

Understanding the news

1

Manifestation de professeurs dans les rues de Paris

2

Inondations en Afrique du Sud
Le Mozambique est à nouveau touché.

3

Cinéma. Olivia Bonamy, star de Voyous Voyelles, annonce sa participation à un nouveau film

4

ALERTE AUX NOUVEAUX PIRATES:
les cybercriminels et hackers sur Internet

5 ## Éruption d'un volcan au Japon

6

Grève de chemin de fer. Les trains sont immobilisés!

7

Accident sur l'autoroute
32 voitures carambolées dans le brouillard!

8 Le Danube, pollué par des déchets industriels au cyanure, empoisonne des millions de poissons

la une	the front page of a newspaper

1a Trouve le bon titre pour chaque dessin.

A	B	C	D

E	F	G	H

1b De quelle nouvelle s'agit-il? Écoute et note. (1–8)

1c Qu'est-ce qui s'est passé?
Raconte les événements dans le passé.

- Il y a eu un(e)/des …
- Un volcan a …

annoncer	to announce
il y a eu	there has been
entrer en éruption	to erupt
manifester	to demonstrate

PARLER
2a À deux. Mets les phrases dans le bon ordre.

M Il a été grièvement blessé.

L Il est tombé dans la rue.

A Il a perdu l'équilibre.

N Son frère l'a tapé.

K La police a appelé une ambulance.

B En quittant le supermarché, ils se disputaient.

Garçon écrasé par une voiture de police

J Ils sont allés au supermarché pour acheter une bouteille de coca.

C Les deux frères jouaient au foot.

D Il faisait très chaud.

I Raphaël a arraché la bouteille à son frère.

E Raphaël s'est tourné vers son frère pour lui donner un coup de poing.

F On l'a emmené à l'hôpital.

G Il a été renversé par une voiture de police qui allait à toute vitesse.

H Ils avaient soif.

ÉCOUTER
2b Écoute et vérifie.

ÉCRIRE
2c Fais le reportage d'un accident.

Rappel **Perfect and imperfect tenses**

The perfect tense is used for talking about something that you did which happened on a particular occasion in the past.

The imperfect tense is used to:

● describe what something was like: il pleuvait

● say what someone or something used to do: il jouait au foot

● say what someone or something was doing when something else happened: ils marchaient le long de la rue quand la voiture est montée sur le trottoir.

2 Felicity

Talking about a soap opera

• • • • • • • • • • • • • • • • • • •

La vraie vie en série

Se lancer seule dans l'existence à 17 ans? Gonflé!
Sur TF1, le dimanche, Felicity ose. Nous, on la suit.

Dimanche 17 heures. Débranche ta Gameboy, coupe le téléphone et trouve une occupation pour tes parents. Que personne ne te dérange pendant une heure: tu regardes la télé. Silence! Parfaitement! Cette fois, tu as une super excuse: tu regardes *Felicity*, la série que TF1 a lancée en octobre dernier pour remplacer *Dawson*. Et quelle série! Récapitulons pour les retardataires: Felicity est une jeune Californienne de 17 ans, partie à New York contre l'avis de ses parents, pour faire ses études de médecine. Son père l'avait inscrite dans une université de Californie mais la jolie étudiante a préféré traverser les États-Unis pour vivre sa vie. Un coup de folie? Et un coup de cœur! Secrètement amoureuse, Felicity est partie rejoindre son prince charmant. Ben. La voilà, à 5000km de Stanford, sa ville natale, seule, désemparée, mais indépendante, dans une cité immense, où elle ne connaît pas grand monde. Felicity a peur, hésite mais décide de rester. Prête à assumer ses erreurs, à croquer la vie, elle grandit au fil des épisodes. Sensible, rigolote, elle te raconte ses états d'âme, ses espoirs, ses déceptions. Avec sa meilleure amie Julie elle se lance à corps perdu dans l'existence.

1a Lis et écoute.

1b Il y a des mots que tu ne connais pas?

- Find five words you don't know but which look like an English word.
- Find five words you don't know but can guess. Write down what you think they mean and then look them up, or ask someone else, to check.
- Find five words you don't know but which don't stop you understanding the article.

1c Lis et réponds.

1 C'est quel genre d'émission?
2 C'est sur quelle chaîne?
3 Comment s'appelle l'héroïne?
4 Quelle sorte de personne est-elle?
5 Où est-elle née?
6 Quelles études fait-elle?
7 Où est-ce qu'elle fait ses études?
8 Pourquoi?
9 Pourquoi ses parents ne sont-ils pas contents?
10 Comment s'appelle son petit copain?

1d Écoute la conversation sur la série 'Felicity' et prends des notes.

1e Copie et complète. Fais un reportage.

'Felicity' est … américaine. … joue le rôle …
Elle est d'origine … mais va à New York pour …
parce que …

2a Fais un reportage d'une série que tu connais
(ou d'une série imaginaire) pour un
magazine classe.

ça passe sur …		BBC1/BBC2/ITV/la 4ᵉ Chaîne
c'est l'histoire il s'agit … joue le rôle	d'/de/du/ de la/des	une famille/une petite ville/un petit village/une région un groupe de personnes qui habitent/travaillent … mari/femme/parents
ça se passe …		à New York/en Australie/à Londres
mon acteur/actrice préféré(e) est …		
je l'aime	parce qu'/ parce que	il est beau/sympa/sportif/joli elle est belle/sportive/jolie/mignonne
j'aime cette série je n'aime pas cette série		j'aime les personnages/c'est drôle c'est stupide/les scènes d'amour sont trop longues

2b Episode X. Qu'est-ce qu'il s'est passé?

3 Horoscope

Talking about star signs and what is going to happen

● ●

1a Tu es de quel signe? Lis le texte sur ton signe.

1 Bélier (21.3 – 20.4)
Tu vas être invité(e) à une boum et ta vie amoureuse va se compliquer. Fais attention, parce que quelqu'un n'est pas ce qu'il semble être.

5 Lion (23.7 – 23.8)
Le ciel va faire grise mine, mais garde ton calme, tout va bientôt s'arranger. Le beau temps n'est pas loin. Finalement tu vas avoir de bonnes notes.

9 Sagittaire (23.11 – 21.12)
Mal dans ta peau? Manque de confiance? Ne t'étonne pas, tout va s'arranger dans quelques jours quand Mars sortira de ton signe le 14 du mois. Il faut avoir encore un peu de patience.

2 Taureau (21.4 – 21.5)
Tu vas faire du sport pour garder la forme, et tu vas faire la connaissance de quelqu'un qui est sur la même longueur d'onde.

6 Vierge (24.8 – 23.9)
Excellent début de mois, le ciel va sourire sur tes projets. Tu vas commencer un nouveau projet et tu vas gagner de l'argent.

10 Capricorne (22.12 – 20.1)
L'amour et le succès peuvent te tourner la tête. Tu vas rencontrer quelqu'un à une boum, mais ne deviens pas trop confiant!

3 Gémeaux (22.5 – 21.6)
Un orage passe, maintenant tu vas profiter du beau temps. Range ton parapluie et sors; une idylle se profile à l'horizon … tu vas connaître la fille/le garçon de tes rêves.

7 Balance (24.9 – 23.10)
Ne t'énerve pas, reste zen, tu vas bientôt récolter les fruits de tes efforts, tu vas enfin voir le bout du tunnel. Tu vas aller à une réunion et retrouver un vieil ami.

11 Verseau (21.1 – 19.2)
Toutes les planètes sont en harmonie avec tes humeurs. Profite de la chance et saisis toutes les occasions qui passent et tu vas trouver le succès.

4 Cancer (22.6 – 22.7)
Tu vas aller à un concert et rencontrer quelqu'un d'intéressant en début de mois. C'est à toi de prendre des initiatives!

8 Scorpion (24.10 – 22.11)
Ton heure n'est pas encore venue, tu vas avoir besoin de patienter. Venus va arriver dans ton signe et tu vas avoir de la chance, mais ne fais rien de trop ambitieux!

12 Poissons (20.2 – 20.3)
Tes affaires financiaires vont s'améliorer. Tu vas gagner de l'argent, mais fais attention, n'en dépense pas trop vite, tu vas en avoir besoin pour les vacances!

beaucoup	*a lot*
assez	*enough/quite a bit*
un peu	*a bit*
pas du tout	*not at all*

1b Lis et écoute.

1c À deux. Posez et répondez aux questions.

● Tu es de quel signe?
● Je suis …
● Qu'est-ce qu'il va t'arriver?
● Je vais/je dois/je ne dois pas …

● Tu y crois beaucoup/assez/un peu/pas du tout?
● J'y crois …

2a À deux. Traduisez le texte de vos signes en anglais. En groupe, comparez vos traductions.

 2b Ils sont de quel signe?
Ils y croient ou ils n'y croient pas? (1–12)

Il/Elle est …
Il/Elle y croit   ✓✓✓ beaucoup   ✓✓ assez   ✓ un peu   ✗ pas du tout

 2c Qu'est-ce qu'il va arriver?
Qu'est-ce qu'ils doivent/ne doivent pas faire?

Exemple:
Les béliers vont aller à une boum et leur vie amoureuse va se compliquer.
Ils doivent faire attention, parce que quelqu'un n'est pas ce qu'il/elle semble être.

Rappel **Reporting back**
How to talk about more than one person.
You use the third person plural:
(ils/elles) vont/ont/sont/font/doivent …
leur(s)   their

 3a Qu'est-ce qu'il va arriver si …?   si   *if*

Exemple: S'ils ont de l'argent, ils vont manger au snack.

 3b Et toi? Qu'est-ce que tu vas faire?

Si j'ai de l'argent, je vais …

Mini-test   **I can …**
● talk about what is happening in the news
● tell a story or recount an event
● describe television programmes
● talk about my star sign

4 *La météo*

The weather

• • • • • • • •

Le temps aujourd'hui région par région

1 Ouest: Bretagne, Pays de la Loire, Normandie

Ce matin il y a des nuages et le vent souffle de l'ouest. Dans l'après-midi, il pleut et en soirée, le beau temps revient et les températures de l'après-midi approchent 19 à 21°C.

2 Nord: Nord-Picardie, Île-de-France, Nord-Est Bourgogne, Franche-Comté

Les brouillards du petit matin se dissipent rapidement à la faveur d'une journée bien ensoleillée. Dans la soirée des nuages arrivent de l'ouest et les températures ne dépassent pas les 20°C.

3 Centre: Poitou-Charentes, Centre, Limousin, Aquitaine, Midi-Pyrénées

Les formations brumeuses du petit matin se dissipent en faveur d'une journée bien ensoleillée, mais en début de soirée, de nouvelles pluies arrivent de l'ouest. Les températures sont en hausse: 23°C.

4 Est: Auvergne, Rhône-Alpes

La matinée commence sous un ciel nuageux. Pendant la journée le temps s'améliore et on revoit le soleil mais en début de soirée, il y a une forte possibilité d'orages sur toute la région avec de la neige à plus de 2 000m. Les températures en vallée sont en hausse entre 23 et 26°C.

5 Sud: Pourtour méditerranéen, Corse

Sur le pourtour méditerranéen, la journée est belle avec seulement quelques nuages le matin. Les températures sont en hausse de 26 à 28°C.

6 Antilles

La matinée est nuageuse avec des éclaircies. L'après-midi est ensoleillé et le soir on revoit le temps nuageux avec des averses locales.

soleil

variable ou nuageux

très nuageux, couvert

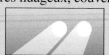
couvert/brumeux

couvert, pluies modérées

orages

neige

1a Quel temps fait-il aujourd'hui? Copie et complète la grille.

	région	matin	après-midi	soir	température
1					

1b De quelle région s'agit-il? (1–6)

1c À deux. Posez et répondez aux questions.

● Quel temps fait-il dans (le sud) ce matin/cet après-midi/ce soir?

1d Fais la liste des verbes dans la météo.

verbe	infinitif
est	être
a	avoir

2a Les prévisions pour *demain*.

Nord: Une grande partie de la journée sera caractérisée par des nuages sombres et de la pluie. Les températures ne dépasseront pas les 20°C.

Ouest: Un vent fort soufflera de l'Atlantique et il pleuvra. Les températures seront en baisse: 18–20°C.

Centre: La journée sera ensoleillée mais de nouvelles pluies arriveront de l'ouest en fin de journée. Il fera plus chaud.

Est: Les brumes matinales se dissiperont rapidement et la journée sera ensoleillée. Les températures dépasseront les 25°C en plein après-midi.

Sud: Le ciel sera couvert mais il y aura de belles éclaircies toute la journée. Les orages se développeront à la tombée de la nuit. Et il fera plus froid.

Les Alpes: La journée commencera ensoleillée mais la pluie arrivera pendant la soirée. À plus de 1 500m des chutes de neige seront possibles. Les températures ne dépasseront pas les 18°C.

C'est quelle région?

| A | B | C | D | E | F |

2b Écoute et répète.

2c À tour de rôle. Lisez les prévisions à haute voix. Attention à la prononciation et l'intonation!

2d Lis et trouve.

You use the future tense to talk about what is going to happen, including saying what the weather will be like.

Le détective

The future tense is formed by adding these endings to the infinitive

-ai	-ons	j'arriver**ai**	nous arriver**ons**
-as	-ez	tu arrive**ras**	vous arriver**ez**
-a	-ont	il/elle arriver**a**	ils/elles arriver**ont**

Pour en savoir plus ➡ page 140, pt 4.13

Find the future tense of these verbs in the forecast.
Which verbs in the text are irregular?

être   dépasser   souffler   pleuvoir   arriver   avoir   se développer   faire

3a Écris un bulletin météo.

3b Enregistre ton bulletin météo.

5 *Autour du monde en solitaire*

Talking about going on an expedition

Frédéric Leblanc, navigateur, prépare son voyage autour du monde.

D'abord, il y a son bateau qui s'appelle 'Dauphin' et qui a été spécialement construit pour le tour du monde en solitaire.

Il a un pilote automatique qui remplace le navigateur quand il dort, mange, etc.

Il a aussi le téléphone – un téléphone-fax, qui fonctionne par satellite, pour contacter le monde extérieur, et d'où il contacte les services-météo plusieurs fois par jour. On lui donne la pression atmosphérique, la force et la direction du vent, et le temps qu'il va faire pour les deux jours à venir.

Il a aussi les voiles – il y en a six, qu'il utilise selon le vent; plus le vent souffle, moins la voile est grande.

Il a aussi ses provisions à manger – il emporte du pain, des biscuits longue conservation, du fromage et beaucoup de plats préparés spécialement pour lui: par exemple, il aime le poulet au cidre et le bœuf bourguignon.

Ses provisions à boire – il emporte beaucoup de jus de fruits, et du chocolat en poudre à reconstituer avec de l'eau. Il a deux litres d'eau douce à boire pour chaque jour et pour se laver les dents. Pour se laver, il a un petit appareil pour transformer l'eau de mer en eau douce, et un seau pour récupérer l'eau de pluie.

Il a un réchaud à gaz – pour réchauffer ses plats préparés et faire bouillir de l'eau.

Très importante est sa boîte à outils avec tournevis, marteau, aiguilles (pour réparer les voiles), de la colle, de l'huile etc., pour entretenir et réparer le bateau.

Il a également un ordinateur pour calculer la meilleure route selon le vent et le temps.

Et le GPS, un positionneur, qui lui donne sa position précise par satellite.

Le radar l'avertit s'il y a un bateau, un iceberg ou tout autre danger à proximité.

Il a des bidons étanches pour ranger ses affaires, ses sous-vêtements, ses chaussettes et tous les petits trucs importants, les piles, les cassettes, les allumettes, etc.

Il faut avoir aussi un radeau de survie et une combinaison étanche pour survivre à un naufrage.

Et un sac étanche qui contient tout le nécessaire du naufragé. Il faut être prêt à tout quand on fait le voyage autour du monde en solitaire!

étanche	*waterproof*
naufrage	*shipwreck*

1a Lis et écoute.

 1b Lis et réponds.

Frédéric Leblanc fait un voyage.
1 Où va-t-il?
2 Comment y va-t-il?
3 Avec qui y va-t-il?
4 Qu'est-ce qu'il emporte? Fais la liste!

● Trois choses à manger
● Trois choses à boire
● Trois choses pour le bricolage
● Trois équipements techniques
● Trois équipements de survie.

 1c Qu'est-ce que c'est en français? Trouve les mots dans le texte.

A   **B**   **C**  **D**

E   **F**   **G**  **H**

 1d La première semaine: quel temps faisait-il? Écoute et note.

 1e Copie et complète son agenda.

jour	temps	température	vent

 2a À deux. Que mettez-vous dans votre sac de survie?

Faites ensemble une liste de dix choses à mettre dans votre sac.
Choisissez les cinq choses les plus importantes pour vous.
Exemple:

une lampe de poche

un canif

des sparadraps

des piles

des allumettes

un appareil photo

2b Écris ta liste et explique pourquoi tu les as choisis.

J'ai choisi (un canif) pour (couper les branches pour faire un abri).

| un abri | *a shelter* |

Bilan et Contrôle révision

I can ...
    talk about what is happening in the news

Il y a eu un(e)/des ...
Un volcan a ...

I can ...
    understand these headlines

une grève/une manifestation/
un accident/une alerte/une inondation

I can ...
    tell a story or recount an event
    describe television programmes

Ça passe sur (BBC1)
C'est l'histoire (d'une famille/d'une petite ville)
Il s'agit (d'un groupe de personnes qui habitent ...)
... joue le rôle (de la femme)
Mon acteur/actrice préféré(e) est ...
Je l'aime parce (qu'il est beau/qu'elle est belle)
J'aime cette série parce que/je n'aime pas cette série parce que ...

    talk about my star sign

Je suis Bélier/Taureau, etc.
J'y crois beaucoup/assez/un peu/pas du tout

    say what is going to happen using the near future

Ta vas rencontrer quelqu'un à une boum/
Tu vas commencer un nouveau projet

I can ...
    say what the weather is like ...

Il pleut
Il fait froid/chaud
Il y a du soleil/du vent/du brouillard/
des nuages
Il neige

    ... and what the weather will be like, using the future tense

Il pleuvra
Il fera plus froid/chaud
Il y aura du soleil/vent/brouillard
Le temps sera ...

1 C'est quel événement? (1–5)

A  **B**  **C**  **D**  **E**

2 Qu'est-ce qui s'est passé?

3 À travers l'Afrique en montgolfière.
Lis et réponds aux questions.

Je suis partie de Lyon, le 14 juillet. Il faisait très chaud et le vent était faible. Je n'ai pas fait beaucoup de progrès. Je suis arrivée au bord de la mer.

Le lendemain j'ai traversé la mer Méditerranée. Le vent soufflait fort et j'avais peur de perdre le contrôle du ballon. Finalement j'ai atterri en Tunisie. Mon équipe de soutien est partie de Tunis en landrover pour me joindre, et nous avons passé la nuit dans le désert. Pendant la nuit il faisait très froid.

Mercredi il faisait très chaud et il y avait peu de vent. Le soir j'ai atterri dans la jungle, et j'ai déchiré le ballon. Mon équipe ne pouvait pas me joindre et j'ai passé la nuit toute seule.

Le lendemain il y avait des orages et je ne pouvais rien faire. Je devais attendre mon équipe de soutien. Ils sont arrivés vers le soir.

Vendredi il faisait beau avec un vent faible. Nous avons réparé le ballon et j'ai continué le voyage …

1 Quand est-elle partie? C'était quel jour?
2 D'où est-elle partie?
3 Comment a-t-elle voyagé?
4 Pourquoi n'a-t-elle pas fait beaucoup de progrès le premier jour?
5 Où a-t-elle atterri?

6 Quel jour a-t-elle traversé la mer?
7 C'était comment?
8 Qu'est-ce qu'elle a fait le mercredi?
9 Pourquoi a-t-elle passé la nuit seule?
10 Quel temps faisait-il vendredi?

4b Écris la météo pour aujourd'hui et demain.

Aujourd'hui

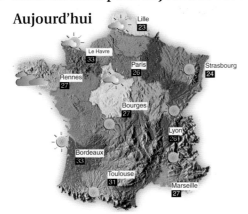

Demain

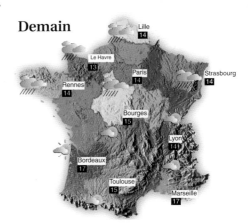

L'arbre

Perdu au milieu de la ville,
L'arbre tout seul, à quoi sert-il?

Les parkings, c'est pour stationner,
Les camions pour embouteiller,
Les motos pour pétarader,
Les vélos pour se faufiler.

L'arbre tout seul, à quoi sert-il?

Les télés, c'est pour regarder,
Les transistors pour écouter,
Les murs pour la publicité,
Les magasins pour acheter.

L'arbre tout seul, à quoi sert-il?

Les maisons, c'est pour habiter,
Le béton pour embétonner,
Les néons pour illuminer
Les feux rouges pour traverser.

L'arbre tout seul, à quoi sert-il?

Les ascenseurs, c'est pour grimper,
Les présidents pour présider,
Les montres pour se dépêcher,
Les mercredis pour s'amuser.

L'arbre tout seul, à quoi sert-il?

Il suffit de le demander
À l'oiseau qui chante à la cime.

1a Lis et écoute.

 1b Lis le poème à haute voix.

Choisis une strophe à apprendre par cœur.

 1c Lis et comprends.

There are some verbs that you have not met before.
Can you still understand the main points of the poem?
Choose three verbs to look up.

 1d Qu'est-ce que le poète veut dire?

Pourquoi: Les parkings, sont-ils pour stationner?

Exemple:
Un parking c'est là où l'on gare les voitures.

> Pourquoi …?
> Les magasins pour acheter
> Les maisons pour habiter
> Les néons pour illuminer
> Les murs pour la publicité
> Les feux rouges pour traverser
> Les ascenseurs pour grimper
> Les mercredis pour s'amuser
> Les montres pour se dépêcher

 2 Écris un poème.

Exemple: La rivière, à quoi sert-elle?

> Les rues, c'est pour …
> Les écoles, pour …
> Les cinémas, pour …
>
> Mais la rivière, c'est pour …
>
> s'amuser, se baigner, pique-niquer, faire …, transporter …

Je m'appelle Denis. J'ai quatorze ans et j'habite à la Réunion. C'est une île dans l'océan Indien, et qui se trouve entre Madagascar et l'île Maurice. Ma famille habite ici depuis quatre générations. La capitale s'appelle Saint-Denis. Mon arrière-grand-père était peintre impressionniste, et l'on peut voir quelques-uns de ses tableaux dans des galeries et des musées à Paris. Un jour je voudrais aller à Paris pour les voir.

À la maison, je parle créole, par exemple: 'la maison' est 'case' et 'un enfant' c'est 'marmaille'. Mais au collège on parle français. Ma mère est institutrice et mon père est actuellement au chômage, mais il s'occupe de la maison et du jardin. Nous habitons en centre-ville mais nous avons un grand jardin, où l'on fait pousser des fruits et des légumes, et nous avons une piscine dans le jardin, pour se baigner. Les endormis (c'est le nom réunionnais pour les caméléons) viennent souvent se chauffer sur notre véranda.

Je suis sportif et je fais beaucoup de natation, de roller et de skate. Mon oncle a un bateau et le dimanche on va à la pêche, mais en été il faut faire attention et écouter la météo parce que c'est la saison des cyclones. La météo montre des photos par satellite pour nous avertir, et on fait des provisions, on rentre à la maison, on ferme tout et on prépare les bougies à cause des pannes de courant. Il y a de la pluie, de l'orage, le vent souffle fort, la mer fait de grosses vagues et il n'y a pas de collège! Ça peut durer plusieurs jours, tant que le cyclone est là on reste enfermé dans la maison et après il y a des feuilles partout et des arbres cassés. Cette année ma classe a participé à un concours «Mille défis pour ma planète» et nous avons replanté cinquante arbres.

3a Lis et écoute.

3b Lis et réponds.

1 Où habite Denis?
2 Quel âge a-t-il?
3 Que faisait son arrière-grand-père?
4 Pourquoi veut-il aller à Paris?
5 Quelle langue parle-t-il chez lui?
6 Que font ses parents?
7 Qu'est-ce qu'il aime faire?
8 Pourquoi faut-il faire attention à la météo?
9 Pourquoi aime-t-il le mauvais temps?
10 Pourquoi ont-ils replanté des arbres?

3c Discutez. L'île de la Réunion: que savez-vous?

- Elle se trouve où?
- C'est grand ou petit?
- Il y a combien d'habitants à peu près?
- Comment s'appelle la capitale?
- Quels sont les avantages et les inconvénients d'habiter sur une île comme la Réunion?
- Aimeriez-vous y habiter? Pourquoi, ou pourquoi pas?

4a La météo. Copie et complète la grille.

	nord	sud	est	ouest	autre
matin					
après-midi					
soir					
nuit					

une rafale	*gust/squall*
le littoral	*the shore*
une averse	*(heavy) rain shower*
la houle	*(sea) swell*

4b Fais des recherches. Visite: www.runisland.com

4c Dessine un site web pour ton île imaginaire.

Mots

À la une	**On the front page**
un accident	accident
une éruption	eruption
une grève	strike
une inondation	flood
une manifestation	demonstration
alerte à	warning of
pollué(e)	polluted
il y a eu	there has been
écrasé(e)	knocked down
grièvement blessé(e)	seriously injured
Il a perdu l'équilibre.	He lost his balance.
On l'a emmené à l'hôpital.	He was taken to hospital.
Il a été renversé par une voiture.	He was knocked down by a car.
aller à toute vitesse	to go very quickly
La police a appelé une ambulance.	The police called an ambulance.
Il est tombé dans la rue.	He fell in the road.
Son frère l'a tapé.	His brother hit him.
Ils se disputaient.	They were arguing.

À la télé	**On TV**
Ça passe sur la 4e chaîne.	It's on Channel 4.
C'est une série …	It's a … series
C'est l'histoire de …	It's the story of …
Il s'agit de …	It's about …
jouer le rôle de	to play the part of
Ça se passe à …	It takes place in …
Mon acteur/actrice préféré(e) est …	My favourite actor/actress is …
Je l'aime parce que …	I like him/her because …

Horoscope	**Horoscope**
Tu es de quel signe?	What sign are you?
Tu y crois (beaucoup)?	Do you believe in it (a lot)?
J'y crois un peu.	I believe in it a bit.
assez	quite
pas du tout	not at all
Bélier	Aries
Taureau	Taurus
Gémeaux	Gemini
Cancer	Cancer
Lion	Leo
Vierge	Virgo
Balance	Libra
Scorpion	Scorpio
Sagittaire	Sagittarius
Capricorne	Capricorn
Verseau	Aquarius
Poissons	Pisces

La météo	The weather forecast	Autour du monde en solitaire	Solo round the world
Aujourd'hui …	Today …	des biscuits longue conservation	long-lasting biscuits
Il neige.	It's snowing.		
Il pleut.	It's raining.	un bidon	container
Il fait froid/chaud.	It's cold/hot.	une boîte à outils	tool box
		une combinaison étanche	waterproof suit
Demain …	Tomorrow …		
Il y aura …	It/There will be …	de l'eau douce	fresh water
du brouillard	foggy	un ordinateur	computer
du soleil	sunny	un réchaud à gaz	gas stove
du vent	windy	le radar	radar
Il fera plus froid/chaud.	It will be colder/hotter.	un radeau de survie	life raft
Il pleuvra	It will rain.	la voile	sail
la journée sera ensoleillée.	The day will be sunny.	le sac de survie	survival kit
		des allumettes	matches
nuageux	cloudy	un appareil photo	camera
couvert/brumeux	misty	le bricolage	DIY
une éclaircie	bright spell	un canif	penknife
dépasser	to exceed	emporter	to take
souffler	to blow	l'équipement de survie	survival equipment
pleuvoir	to rain	une lampe de poche	torch
se développer	to develop	le naufrage	shipwreck
		des piles	batteries
		des sparadraps	sticking plasters

MODULE 1 L'HEXAGONE

À toi! A

LIRE
1 C'est quelle ville?

Mulhouse

Strasbourg

Concarneau

Le Havre

Chamonix

Nice

1 C'est une ville industrielle, où l'on fabrique des voitures.

2 C'est un port de commerce, qui est situé dans le nord de la Normandie.

3 C'est une ville industrielle, située dans le centre de la France, où l'on fabrique des pneus de voiture.

Clermont-Ferrand

5 C'est une ville touristique, et une station balnéaire, qui est située sur la Côte d'Azur.

6 C'est une ville touristique et une station de ski dans les Alpes au pied du mont Blanc.

7 C'est un port de pêche, et il se trouve en Bretagne, sur la côte ouest de la France.

4 C'est une ville historique, située dans le nord-est de la France, près de la frontière allemande, et c'est un siège du Parlement européen.

ÉCRIRE
2 C'est quel genre de ville?

ÉCRIRE
3 Où habitent-ils? C'est comment?
Écris un paragraphe sur chaque personne.

Tom	Rhiannon	Angus	Oonagh
Newcastle (nord)	Cardiff (sud)	Oban (ouest)	Dublin (est)
5 ans ✓	8 ans ✗	✗	9 ans ✓

… habite (dans le nord/sud, etc.) (de l'Angleterre/Écosse /du pays de Galles, etc.)
C'est (une grande/petite ville historique)
Il/Elle habite ici depuis (deux ans/toujours)
Il/Elle aime/n'aime pas habiter ici parce que …
Il/Elle aime bien l'ambiance/il y a beaucoup de choses à faire
Il/Elle n'aime pas sa ville parce …   qu'il y a trop de monde/trop de pollution
que c'est trop calme.

ÉCRIRE
4 Et toi? Où habites-tu? C'est quel genre de ville?

J'habite …

MODULE 1 L'HEXAGONE

À toi! B

LIRE

1 Qui est-ce?

A  06:30
B 10:00
C
D
E

F
G
H
I
J

Samedi dernier je me suis levée à huit heures et je suis allée à la campagne avec ma copine. Ses grands-parents habitent une ferme à vingt minutes de chez nous. Nous y sommes allées en voiture avec son père. À la ferme elle a deux chevaux. Nous avons fait du cheval et puis nous avons aidé ses grands-parents à donner à manger aux poules et à cueillir les fraises. J'ai apporté deux kilos de fraises à ma mère pour en faire de la confiture. **Sybille**

Samedi dernier je me suis levé à neuf heures et je suis allé à Aqua Park avec mes copains. C'est à cinq minutes de chez nous et nous y sommes allés à pied. On a joué au volley-ball et au foot et on a fait du canoë. Puis on a mangé au snack, et on a écouté de la musique et dansé. **Laurent**

Samedi dernier je me suis levée à six heures et demie et je suis allée chercher le pain. La boulangerie est à dix minutes de chez nous et j'y suis allée en vélo. Puis nous avons mangé le petit déjeuner et j'ai nettoyé les tables dans le bar et préparé le petit déjeuner pour les campeurs. **Marjolaine**

Samedi dernier je me suis levé à dix heures et je suis allé en ville avec mon petit frère. C'est à vingt minutes de chez nous et nous y sommes allés en bus. D'abord on est allé acheter un nouveau maillot de bain pour mon frère et puis nous sommes allés à la piscine et on s'est baigné et on s'est amusé. Puis on est allé au snack et le soir on est allé au cinéma. **Damien**

LIRE

2 Lis et trouve les noms.

1 un magasin où l'on peut acheter du pain
2 un petit bateau qui ressemble à un kayak
3 l'endroit où l'on peut se baigner
4 un vêtement que l'on porte pour se baigner
5 le jeu que l'on joue avec un gros ballon et deux équipes de six personnes
6 un véhicule pour transporter plusieurs personnes
7 un oiseau qui nous donne des œufs
8 un moyen de transport à deux roues
9 un fruit rouge dont on fait de la confiture
10 une habitation à la campagne

ÉCRIRE

3 Qu'est-ce que tu as fait samedi dernier?

J'ai …/Je suis…/Je me suis …

MODULE
2
J'ARRIVE

À toi! A

LIRE
1 La famille de Benjamin: Copie et complète la grille. Qui est-ce?

> Voici mes parents. Mon père s'appelle Philippe et ma mère s'appelle Aline. Il a quarante-cinq ans et elle a trente-deux ans. J'ai un frère, Mathieu, qui a vingt ans. Il est étudiant. C'est mon demi-frère. C'est le fils de mon père, de son premier mariage. J'ai une demi-sœur qui s'appelle Pascaline. Elle a vingt-trois ans et elle est coiffeuse. J'ai aussi une petite sœur qui a sept ans. Elle s'appelle Charlotte. Mon grand-père s'appelle Lucien. Il a cinquante-huit ans et il est menuisier; ma grand-mère s'appelle Marie-Thérèse et elle a soixante ans. Elle est institutrice. Les parents de mon père sont morts.
>
> **Benjamin**

nom	lien	âge	métier
Philippe	père	45 ans	–

ÉCRIRE
2 La famille de Lucien: Écris un paragraphe.
Comment s'appellent-ils? Quel âge ont-ils? Que font-ils? Où travaillent-ils?

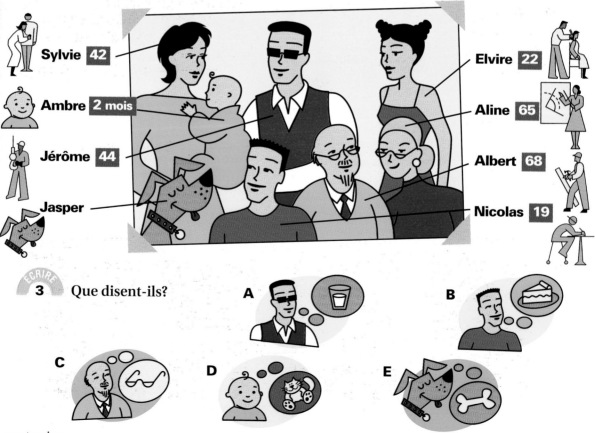

Sylvie **42**

Ambre **2 mois**

Jérôme **44**

Jasper

Elvire **22**

Aline **65**

Albert **68**

Nicolas **19**

ÉCRIRE
3 Que disent-ils?

A

B

C

D

E

MODULE 2 J'ARRIVE — À toi! B

1 Copie et complète la grille.

nom	maison	nb. de chambres	depuis quand?	aime/aime pas?	pourquoi?

J'habite un grand immeuble, nous habitons au huitième et nous y habitons depuis plus de dix ans. Ma chambre est petite, et les chambres de mes deux frères sont plus grandes. Ce n'est pas juste, ils ont plus d'espace que moi! **Charlotte**

J'habite une nouvelle maison. La maison est petite. Ma chambre est au deuxième étage et la chambre de mes parents est au premier étage. On y habite depuis deux ans. Ma chambre est grande et c'est bien parce qu'on est près du collège. **Damien**

Nous avons un nouvel appartement au cinquième étage. C'est un grand appartement. Je partage une grande chambre avec mon frère, et ma sœur a une petite chambre. La chambre de mes parents est grande aussi. Nous y habitons depuis sept ans. Ce que je n'aime pas, c'est que la maison est trop loin du collège et il faut y aller en vélo. **Gilles**

J'habite un grand immeuble. Nous avons un appartement au deuxième étage avec trois chambres. Ma chambre est grande. Nous y habitons depuis cinq ans. C'est génial. J'aime ma chambre parce que c'est joli et j'ai un balcon à moi! **Sophie**

2 Fais un résumé.

Charlotte habite … Elle y habite … Son/Sa/Ses … Elle aime bien/n'aime pas … parce que …

3 Où habitent-ils?

Élisabeth

Patrice

Marion

Romain

MODULE **3** PROGRAMME DE LA VISITE

À toi! A

Qu'est-ce qu'on va faire demain?

Bon demain, c'est samedi et le matin nous allons jouer au foot. Nous allons retrouver les autres au terrain de sport au collège à dix heures, et après le foot nous allons manger au snack, en ville. L'après-midi nous allons faire une balade en vélo dans la forêt avec Gilles et son copain, et le soir nous allons jouer aux jeux vidéo chez Patrice. Tu comprends?

Le dimanche on va faire la grasse matinée, ça veut dire qu'on va rester au lit. On va se lever vers dix heures et après le petit déjeuner on va aller à la campagne. On va aller au château de Belleregarde. Il y a un grand parc, et nous allons faire un pique-nique dans le parc. Puis on va faire du kayak sur le lac, si tu veux.

LIRE 1 Mets les images dans le bon ordre.

A   B   C   D   E   F

LIRE 2 Lis et trouve le bon mot ou la bonne phrase.

A   B   C   D   E

LIRE 3 Lis et réponds.

Samedi
1 À quelle heure vont-ils jouer au football?
2 Où vont-ils jouer?
3 Où vont-ils manger?
4 Qu'est-ce qu'ils vont faire l'après-midi?
5 Où vont-ils jouer aux jeux vidéo?

Dimanche
6 À quelle heure vont-ils se lever?
7 Où vont-ils faire un pique-nique?
8 Qu'est-ce qu'ils vont faire après?

ÉCRIRE 4 Qu'est-ce qu'on va faire?

Exemple: Lundi, on va visiter …, c'est …, et le soir on va …

	lundi	mardi	mercredi	jeudi	vendredi	samedi
La journée						
Opinion	✔	–	✔✔	–	✘	✔
Le soir						

ÉCRIRE 5 Après la visite: Où êtes-vous allé(e) et qu'est-ce que vous avez fait? C'était comment?

Lundi, nous sommes allé(e)s … et nous avons fait/joué … C'était …

3 À toi! B

Quand ma grand-mère était jeune elle habitait une petite maison à la campagne. La maison avait une seule pièce. Toute la famille mangeait, jouait, travaillait et dormait dans la même pièce. Il y avait une cheminée où sa mère faisait la cuisine sur le feu. Il y avait un grand lit derrière un rideau dans un coin où toute la famille dormait. Il y avait une table éclairée par une seule lampe à huile, où l'on mangeait et le soir les parents y lisaient ou écrivaient des lettres et les enfants y faisaient leurs devoirs. Il n'y avait pas de radio, de télévision ou d'électricité. On se lavait dehors à l'eau froide! On se couchait tôt parce que on n'avait pas beaucoup de choses à faire le soir. Il n'y avait pas de restaurants ou de cinéma. Ses parents n'avaient pas de voiture, ils avaient un petit chariot et un cheval, ils étaient riches!

Aujourd'hui ma grand-mère habite un nouvel appartement dans un grand immeuble en centre-ville. L'appartement a trois pièces avec un grand balcon donnant sur la rivière. Dans la cuisine elle a un four électrique pour faire la cuisine, un frigo pour conserver la nourriture, un lave-vaisselle et une machine à laver. Elle a une grande salle de bains avec baignoire et douche. Dans le salon elle a une télévision et un magnétoscope que je dois faire marcher pour elle. À côté de son lit elle a une radio et un téléphone. Le chauffage est électrique et elle a un portable.

1 **Lis et réponds. Trouve dix différences!**

Quand elle était petite … et aujourd'hui

Exemple:
Elle habitait une petite maison à la campagne, mais aujourd'hui elle habite un nouvel appartement dans un grand immeuble.

2 **Trouve cinq choses qui ont changé en bien!**
Copie et complète les phrases.

Je suis content(e) de ne pas vivre à cette époque-là, parce que on n'avait pas de …
Et on ne pouvait pas … parce que …

3 **Que faisais-tu quand tu étais petit(e)?**

Quand j'étais petit(e) …

j'avais peur des fantômes, j'adorais les Spice Girls
je regardais Blue Peter, je faisais pipi dans ma culotte
je mangeais … je buvais … je jouais …

4 **Jeu d'imagination. Fais la liste de trois choses qui, selon toi, vont changer dans les vingt prochaines années.**

On va avoir/faire/voyager …

MODULE **4** LA FORME!

À toi! A

Je fais une heure de jogging deux fois par semaine parce que c'est bon pour la santé. Je ne faisais rien avant parce que j'étais trop paresseux, mais maintenant je me sens mieux, plus relaxé, curieusement. Ça m'aide à me détendre! **Karim**

Je ne fais rien parce que je n'ai pas le temps et je n'aime pas le sport. Je faisais de la natation mais je m'ennuyais et maintenant je n'ai pas le temps parce que j'ai trop de devoirs. **Marjolaine**

Je fais du cyclisme. J'en fais deux heures trois fois par semaine et j'en fais pour garder la forme et parce que j'aime ça. Je jouais au foot mais je n'en fais plus, parce que je me suis fait mal au genou et maintenant je préfère le cyclisme. **Hervé**

Je fais du taï-chi, deux heures le mercredi et le samedi. J'en fais parce que mon copain en fait aussi. Je faisais de la danse mais je devais faire de l'entraînement tous les jours et je n'avais pas le temps. **Louise**

Je fais de la danse. J'en fais dix heures par semaine: deux heures par jour, et cinq jours par semaine, et j'en fais parce que j'aime ça. J'en fais depuis cinq ans, j'ai toujours fait de la danse et je veux être danseuse. **Cathy**

Je fais de la musculation. J'en fais une heure trois jours par semaine, parce que c'est bon pour la santé. Avant, je ne faisais rien, je fumais et je traînais dans les rues après les filles, mais maintenant elles me suivent! **Nicolas**

LIRE

1 Lis et réponds.

1 Qui fait quelle activité?

A   **B**   **C**   **D**   **E**

2 Combien d'heures en font-ils par semaine?
3 Qui en fait tous les jours?
4 Qui en fait le moins?
5 Qui n'en fait pas?
6 Que faisaient-ils avant?

ÉCRIRE

2 Que font-ils? Combien de fois par semaine en font-ils? Pourquoi?

Isabelle   Marc   Julien   Rachid

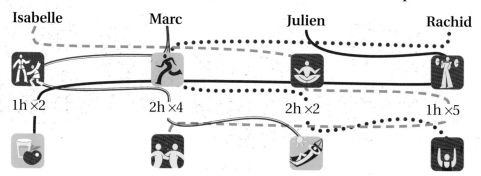

1h ×2   2h ×4   2h ×2   1h ×5

Hier

Pour le petit déjeuner j'ai mangé des tartines et j'ai bu du chocolat chaud avec du lait et du sucre pour me donner de l'énergie.
À midi j'ai mangé à la cantine. J'ai mangé de la salade verte, un steak-frites, et comme dessert, une mousse au chocolat.
Pour le goûter j'ai mangé des chips et j'ai bu un milk-shake. Le soir nous avons mangé de la soupe aux légumes, mais comme je n'aime pas les légumes j'ai mangé des pâtes avec une sauce tomate et un yaourt, c'est tout. **Yann**

Pour le petit-déjeuner j'ai mangé des céréales et j'ai bu du jus d'orange. À midi j'ai mangé de la salade, du jambon avec des pommes de terre, et un fruit et j'ai bu de l'eau. Le soir j'ai mangé de la salade, du fromage, du pain et un yaourt et j'ai bu de l'eau. **Delphine**

Pour le petit déjeuner je n'ai rien mangé. J'ai bu une tasse de café. C'est tout.
À midi j'ai mangé un paquet de chips et un yaourt et j'ai bu de l'eau. Le soir j'ai mangé des frites et j'ai bu un coca. **Sandrine**

1 **Lis et réponds.**

1 Qui a mangé le plus?
2 Qui a mangé le moins?
3 Qui a mangé le plus sainement?
4 Qui a mangé le moins sainement?
5 Qui a bu le plus d'eau?
6 Qui a bu le moins d'eau?

2 **Donne-leur un conseil.**

Tu manges trop de … ce n'est pas bon pour la santé.
Tu ne manges/bois pas assez de …
Tu dois manger/boire plus de …/moins de …

3 **Qu'est-ce qu'Edouard a mangé et bu hier?**

4 **Et toi? Qu'est-ce que tu as mangé et bu hier?**

MODULE 5 LA MODE!

À toi! A

Achetez un tee-shirt online!

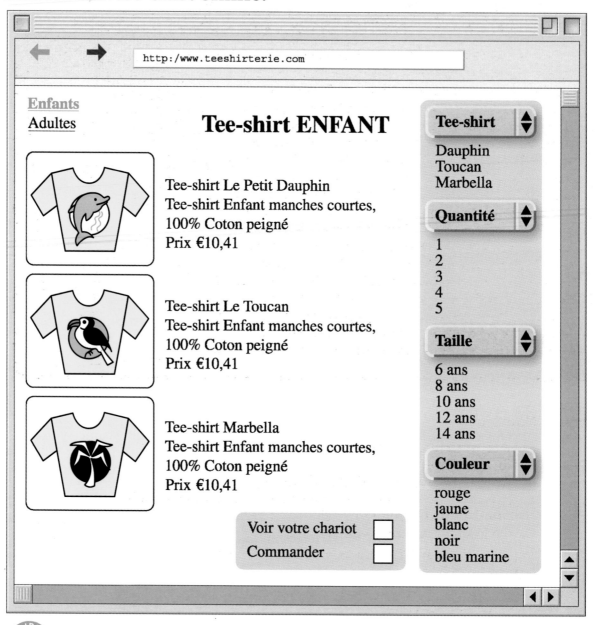

http://www.teeshirterie.com

Enfants
Adultes

Tee-shirt ENFANT

Tee-shirt Le Petit Dauphin
Tee-shirt Enfant manches courtes,
100% Coton peigné
Prix €10,41

Tee-shirt Le Toucan
Tee-shirt Enfant manches courtes,
100% Coton peigné
Prix €10,41

Tee-shirt Marbella
Tee-shirt Enfant manches courtes,
100% Coton peigné
Prix €10,41

Voir votre chariot ☐
Commander ☐

Tee-shirt
Dauphin
Toucan
Marbella

Quantité
1
2
3
4
5

Taille
6 ans
8 ans
10 ans
12 ans
14 ans

Couleur
rouge
jaune
blanc
noir
bleu marine

LIRE

1 Trouve les mots ou les phrases en français.

a order b short sleeves c brushed cotton d dolphin e yellow f size g shopping trolley

ÉCRIRE

2 Quel tee-shirt préfères-tu? Pourquoi?

Je préfère ... parce que j'aime/je n'aime pas ...

ÉCRIRE

3 Dessine un site web pour vendre des sweats.

MODULE 5 LA MODE!

À toi! B

Leïla, chanteuse de rock

Je suis née au Québec, au Canada il y a vingt-cinq ans. Ma famille a déménagé à Paris quand j'avais trois ans. J'ai grandi dans une banlieue parisienne, à St Germain-en-Laye, mais je veux retourner au Canada parce qu'il y a trop de circulation et trop de pollution à Paris et je préfère habiter à la campagne, c'est plus calme. J'ai suivi des études de violon et de piano depuis l'âge de 5 ans mais je n'en fais plus, parce que je préfère chanter. J'ai commencé à chanter à l'âge de 18 ans quand j'étais à la fac. J'ai chanté dans un bar pour gagner de l'argent, et parce que ça me faisait plaisir. Mes amis m'ont inscrit à un concours et j'ai gagné. On m'a invitée à enregistrer un CD. Mes parents n'étaient pas contents parce qu'ils préfèrent la musique classique et j'ai quitté l'université pour faire carrière avec un groupe. Je veux chanter pendant encore quelques années et puis je veux m'acheter une ferme et me consacrer à l'élevage de chevaux. J'adore les chevaux et j'adore l'équitation.

1 Lis et réponds.

1 Leïla est de quelle nationalité?
2 Elle a quel âge?
3 Elle avait quel âge quand elle a déménagé?
4 Où préfère-t-elle habiter, en France ou au Canada? Pourquoi?
5 De quels instruments joue-t-elle?
6 Que faisait-elle pour gagner de l'argent?
7 Pourquoi ses parents n'étaient-ils pas contents?
8 Quel est son but?

2 Écris l'histoire de Serge.

À toi! A

LIRE

1 Les prévisions pour demain. Copie et complète.

1 Le nord

Dans le nord la journée commencera …, mais … arriveront de l'ouest pendant la journée et le soir … sifflera de l'ouest.

les nuages   **ensoleillée**

un vent fort

matin	après-midi	soir

2 Le centre

Demain matin commencera avec …, mais l'après-midi … et le soir il faut compter sur…

le brouillard   **il pleuvra**

le beau temps

matin	après-midi	soir

3 L'ouest

La journée commencera … mais … arriveront de l'est pendant l'après-midi et le soir il faudra compter sur … sur les côtes.

du brouillard   **les orages**

sous la pluie

matin	après-midi	soir

4 Dans les Alpes

La journée sera caractérisée … à plus de 2000 m mais en vallée l'après-midi on reverra … et le soir il fera de nouveau …

très froid   **par la neige**

des éclaircies

matin	après-midi	soir

ÉCRIRE

2 Complète la météo.

Exemple: La journée … mais … dans l'après-midi et le soir …

L'est

Le sud

Les Pyrénées

MODULE 6 — EN PLEIN DANS L'ACTU

À toi! B

Les deux frères Jean et Paul Desèvres rentraient de la piscine. Ils ont commencé à se disputer et Paul a poussé son frère, qui a perdu l'équilibre et est tombé dans la rue. Il a été renversé par la voiture de Mlle Legrand qui sortait du parking du supermarché. Elle s'est arrêtée et son ami a appelé une ambulance sur son téléphone portable. Grâce à la réponse rapide des services d'urgence on a sauvé la vie du garçon, qui a subi des contusions à la tête et au bras droit. On l'a gardé à l'hôpital pour l'observer pendant la nuit mais le lendemain il a pu rentrer à la maison.

1a **Lis et réponds.**

1 D'où venaient les garçons?
2 Pourquoi Paul a-t-il poussé son frère?
3 D'où venait la voiture?
4 Qui conduisait la voiture?
5 Qui a téléphoné aux services d'urgence?
6 Qu'est-ce qui a sauvé la vie du garçon?
7 Il avait quelles blessures?
8 Combien de temps est-il resté à l'hôpital?

1b **Imparfait ou passé composé? Copie et complète les blancs.**

Check irregular verbs in the verb table on pages 145–147.

Comment Corinne et Nicolas se sont rencontrés!

Quand Corinne et sa copine (**1** rentrer) du cinéma, elles (**2** décider) d'aller manger une pizza, parce qu'elles (**3** avoir) faim. Il y (**4** avoir) un jeune homme qui (**5** regarder) dans la vitrine. Quand Corinne l' (**6** passer) il lui (**7** arracher) son sac et il (**8** partir) en courant.

Elles n' (**9** avoir) plus envie d'aller manger et elles (**10** décider) de rentrer à la maison. Heureusement sa copine (**11** avoir) assez d'argent pour les tickets de bus. Alors qu'elles (**12** aller) à l'arrêt de bus le jeune homme (**13** revenir) avec le sac. Il (**14** s'excuser) et il (**15** dire) qu'il (**16** être) étudiant et qu'il (**17** faire) un film. Il leur (**18** présenter) ses collègues et ils (**19** inviter) les filles à manger avec eux. Ils (**20** s'amuser) et ils ont décidé de faire un film ensemble!

Grammaire

1   Nouns

Remember: in French all nouns are either masculine or feminine.

1.1   The definite article: *the*

The word for 'the' in front of a noun changes according to whether the noun is masculine, feminine or plural.

	Masculin	*Féminin*	*Pluriel*
the	le/l'	la/l'	les

Before words beginning with a vowel or a silent 'h' both **le** and **la** become **l'**.

1.2   The indefinite article: *a*

The word for 'a' in front of masculine nouns is **un**, and feminine nouns is **une**.

1.3 *De* + the definite article: 'some' or 'any'

We don't always use it in English, but in French you have to put it in:

Masculin	*Féminin*	*Pluriel*
du (de l')	de la (de l')	des

J'achète du pain.	*I buy (some) bread.*
Je veux de la mousse au chocolat.	*I want (some) chocolate mousse.*
Je bois de l'eau.	*I drink (some) water.*
Je mange des céréales.	*I eat (some) cereal.*

> How would you say you eat and drink these things?
>
> Je mange …
>
> 1 … poulet (m)   2 … pain (m)   3 … beurre (m)   4 … confiture (f)   5 … céréales (pl)
>
> Je bois …
>
> 6 … lait (m)   7 … chocolat chaud (m)   8 … jus d'orange (m)   9 … coca (m)   10 … eau (f)

If you are saying you *don't* do something, the **du/de la/des** all become **de** (or **d'** in front of a silent 'h' or a vowel):

Je mange des fruits, mais je ne mange pas **de** frites.
Je bois de l'eau, mais je ne bois pas **de** vin.
Je fais du sport, mais je ne fais pas **de** vélo.
Il boit du coca, mais il ne boit pas **d'**eau.

1.4 Plural of nouns

Most nouns make their plural in the same way as in English, by adding **s**:

une main → deux mains   un livre → deux livres

However, there are exceptions, for example nouns which already end in **s**, **z** or **x** don't change:

un bras → deux bras   un nez → deux nez

Most nouns which end in **ou**, **eu** or **eau** make the plural by adding **x**:

un genou → deux genoux

Most nouns which end in **al** make the plural by changing the ending to **aux**:

un animal → des animaux

And some just like to be different!

un œil → les yeux

> What is the plural of these words?
>
> 1 animal   2 bateau   3 bras   4 cadeau   5 château   6 cheval   7 copain   8 copine   9 doigt
> 10 frère   11 gâteau   12 genou   13 jambe   14 journal   15 main   16 nez   17 œil   18 oiseau
> 19 oreille   20 repas   21 sœur   22 souris

2   Pronouns: I, you, he/she, etc.

A pronoun is a word which stands in place of a noun.

Subject pronouns

Singulier		Pluriel	
je	*I*	nous	*we*
tu	*you*	vous	*you*
il/elle	*he/she/it*	ils/elles	*they (m)/they (f)*
on	*one*		

Je. You use **je/j'** when you are talking about yourself:

je mange   je bois   j'écoute

Tu. You use **tu** when you are speaking to someone you know well or someone younger than yourself:

As-tu …?   Fais-tu …?

Il/Elle. You use **il** and **elle** when you are talking about someone or something else:

Talking about people

Jean va en ville.	**Il** achète un CD.
Magali va en ville.	**Elle** achète un pull.

Talking about things

J'ai une maison.	Elle est grande.

On (one) can sometimes be used instead of 'we' or 'you':

On joue au foot?	*Shall we play football?*
On ne va pas à l'école le mercredi.	*You/We don't go to school on Wednesdays.*

Notice that **on** takes the same part of the verb as **il/elle**.

Nous. If you are talking about yourself and someone else (my friend and I/my parents and I) you use **nous**:

nous allons	*we are going*
nous jouons	*we play*

Vous. You use **vous** when speaking to someone you don't know well or someone older than you, even if you are only speaking to one person. You also use **vous** to address more than one person:

Avez-vous …?

Ils/Elles. You use **ils** if you are talking about more than one person or thing, unless all the people or things are feminine, in which case you use **elles**.

Remember that even if only one of them is masculine, you have to use **ils**!

Ils ont faim!	*They are hungry!*
Elles sont fatiguées.	*They are tired.*

2.1 Direct object pronouns: him/her/it or them

In French, when you want to say 'him/her/it' or 'them', the **le/la/les** comes in front of the verb.

le *him/it*   la *her/it*   les *them*

Je l'achète.	*I buy it.*
Il la voit.	*He sees her.*
Tu les regardes.	*You watch them.*

Note: If the verb starts with a vowel or a silent 'h', **le** and **la** will change to **l'**.

How would you say you can see these people?

Je ... vois.

1 Jeanne   2 Thomas   3 Paul et Éric   4 Sybille et Muriel

And how would you say you buy these things?

Je ... achète.

5 livre (m)   6 fleurs (pl)   7 pull (m)   8 chemise (f)

2.2 Emphatic pronouns: me! you!

When you use a pronoun on its own or after a preposition, it is called an emphatic pronoun:

moi *me*   avec moi *with me*   chez lui *at his house*   c'est à toi *it's your turn*

je	moi	nous	nous
tu	toi	vous	vous
il	lui	ils	eux
elle	elle	elles	elles

2.3 *En*: of it/of them

En is a pronoun meaning 'of it' or 'of them', and referring to something that has already been mentioned:

Je voudrais du fromage.	*I would like some cheese.*
Combien **en** voulez-vous?	*How much (of it) do you want?*

We don't have a comparable word in English, but in French you must remember to include it:

J'en veux un kilo.	*I want a kilo (of it/them).*
J'en voudrais deux tubes.	*I would like two tubes (of it/them).*
J'en voudrais une grande portion.	*I want a big portion (of it/them).*

2.4 *Y*: there

Y is a pronoun meaning 'there'.
It refers to a place that has already been mentioned.
You have already met it in the expression: **il y a**, meaning 'there is/there are'.
In French you have to add **y** (there) before the verb even where we don't use it in English.

Je vais à Paris.	*I am going to Paris.*
J'y vais demain.	*I am going (there) tomorrow.*
Tu y vas seul(e)?	*Are you going (there) alone?*
Non, j'y vais avec ma classe.	*No, I'm going (there) with my class.*

Notice that **y** comes in front of the verb.

3 Adjectives

Adjectives are describing words. In French, an adjective has to agree with the noun it describes.

Singulier		**Pluriel**	
Masculin	**Féminin**	**Masculin**	**Féminin**
grand	grande	grands	grandes
petit	petite	petits	petites

Most adjectives add an **e** to form the feminine and an **s** to make the plural.
Adjectives which already end in **e** stay the same in the feminine. Adjectives which end in **f** change the **f** to **ve** in the feminine. Adjectives which end in **x** change to **se**.

Singulier		**Pluriel**	
Masculin	**Féminin**	**Masculin**	**Féminin**
jeune	jeune	jeunes	jeunes
timide	timide	timides	timides
actif	active	actifs	actives
sportif	sportive	sportifs	sportives
paresseux	paresseuse	paresseux	paresseuses
ennuyeux	ennuyeuse	ennuyeux	ennuyeuses

How would you say that these people are big/small/lazy/sporty?

1 Marc est …

2 Louise est …

3 Patrice et Denis sont …

4 Isabelle et Fabienne sont …

3.1 Position of adjectives

In French, most adjectives come after the noun they describe:

un chien noir   des chaussettes rouges   une fille timide

But **grand** and **petit** usually come in front of the noun they describe:

mon grand frère   un petit enfant

How would you describe these things?

1   2   3

4   5   6

3.2 The comparative

The comparative is used when you are comparing two people or things. To say that someone is bigger/smaller/sportier than someone else you use:

plus	*more*
plus grand(e) / petit(e) / sportif(ve)	*bigger/smaller/sportier*
que / qu'	*than*

Thomas est plus grand que Patrice.   *Thomas is taller than Patrice.*
Elisabeth est plus petite que son frère.   *Elisabeth is smaller than her brother.*
Marcel est plus sportif que sa sœur.   *Marcel is sportier than his sister.*

How would you say the following?

1 I am bigger than Patrice.

2 Patrice is smaller than Éric.

3 Delphine is sportier than her brother.

To say that someone is 'less' big you use:

moins	*less*
moins grand(e)	*smaller*
que / qu'	*than*

Patrice est moins grand que Thomas.   *Patrice is smaller than Thomas.*
Élisabeth est moins grande que son frère.   *Elisabeth is smaller than her brother.*

How would you say the following?

1 John is smaller than Stephen.

2 Karen is bigger than Jane.

3 Jane is less sporty than Karen.

What could you say about these people?

Marc   Delphine   Nicolas   Louise   Aurélie   Elvire

 … est plus … que
… est moins … que

3.3   The superlative

The superlative is used when comparing three or more people or things. You use it to say who is the largest, smallest, sportiest, etc.

le/la plus grand(e)   *the biggest*
le/la plus petit(e)   *the smallest*

La Loire est le fleuve le plus long de France.
Le mont Blanc est la montagne la plus haute d'Europe.
La tour Eiffel est le monument le plus connu de France.

Make up a sentence about each of these people using the comparative and the superlative.

Noémie   Omar   Maxime   Laura   Arthur

3.4   Possessive adjectives

'My', 'your', 'his', 'her', 'our', 'their' are called possessive adjectives because they show possession or ownership. The possessive adjective has to agree with the noun it describes, not with the person.

	Masculin	*Féminin*	*Pluriel*
my	mon	ma	mes
your	ton	ta	tes
his/her	son	sa	ses
our	notre	notre	nos
your	votre	votre	vos
their	leur	leur	leurs

Put the correct form of **mon**, **ma** or **mes** in front of these nouns.

1 mère   2 père   3 frère   4 sœurs   5 parents   6 oncle   7 tante   8 chien
9 grands-parents

Now say they are all 'yours' using **ton**, **ta** or **tes**.

And then that they are all 'his/hers' using **son**, **sa** or **ses**.

3.5   Demonstrative adjectives

These translate 'this/that/these/those' in English:

Masculin	*Féminin*	*Pluriel*
ce (cet)	cette	ces

You use **cet** before masculine nouns which begin with a vowel or a silent 'h'.

How would you say 'I would like this …' of the following things?

Je voudrais …

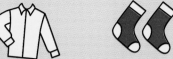

1 la chemise   2 les chaussettes   3 le pull   4 l'animal

5 les baskets   6 la pomme   7 le portable   8 le porte-monnaie

3.6   Interrogative adjectives: Which?

The word 'which' is also an adjective and has to agree with the noun it qualifies: **quel/quelle/quels/quelles**.

Quel garçon?	*Which boy?*	Quels livres?	*Which books?*
Quelle maison?	*Which house?*	Quelles filles?	*Which girls?*

Use the correct form of **quel** to complete these questions:

1 … est ton plat préféré?

2 … est ta couleur préférée?

3 … sont tes fruits préférés?

4 … sont tes chanteuses préférées?

4   Verbs

Verbs are action words. They describe what something or someone 'does'.
In French most verbs end in **er**.
We usually divide French verbs into three groups according to the ending of the infinitive:

	Group 1	Group 2	Group 3
verbs which end in	er	ir	re

4.1   Regular -*er* verbs

Most French verbs end in **er** and most of them are regular.
Regular verbs all follow the same pattern, so if you learn one you can easily work out the others. Take off the **er** to find the stem and then add the endings **e**, **es**, **e**, **ons**, **ez** or **ent**.

jouer   to play

	Singulier		Pluriel	
first person	je joue	*I play*	nous jouons	*we play*
second person	tu joues	*you play*	vous jouez	*you play*
third person	il/elle joue	*he/she plays*	ils/elles jouent	*they play*

Fill in the correct part of the verb.

1	Je (parler) anglais.	6	Ils (manger) des chips.
2	Tu (écouter) de la musique.	7	Où (habiter) -tu?
3	Martin (jouer) au tennis.	8	Nous (acheter) des cartes postales.
4	Nous (fermer) la porte.	9	Les filles (poser) des questions.
5	Vous (porter) un jean.	10	Mon père (travailler) à la banque.

Note: Verbs which take an accent in the singular and third person plural – see verb tables on pages 145–147.

acheter	j'achète	*to buy*
préférer	je préfère	*to prefer*
se lever	je me lève	*to get up*

	Singulier	*Pluriel*
first person	j'achète	nous achetons
second person	tu achètes	vous achetez
third person	il/elle achète	ils/elles achètent

Remember that to say you *don't* do something you put **ne** in front of the verb and **pas** after it.

Je n'ai pas de crayon.   Il ne fait pas de vélo.

4.2   -*ir* verbs

The endings for verbs which end in **ir** are: **s**, **s**, **t**, **ons**, **ez** and **ent**.
Some verbs which end in **ir** change the stem before adding the endings.
The verbs **partir**, **sortir** and **dormir** take off the **tir/mir** before adding the endings in the singular:

	sortir		*dormir*	
first person	je sors	nous sortons	je dors	nous dormons
second person	tu sors	vous sortez	tu dors	vous dormez
third person	il/elle sort	ils/elles sortent	il/elle dort	ils/elles dorment

If you are not sure about the stem changes, check the verbs in the verb tables on pages 145–147.
The verbs **finir**, **choisir** and **remplir** add **iss** in the plural forms.
If you are not sure if a verb goes like **finir**, check it in the verb tables on pages 145–147.

	Singulier	*Pluriel*
first person	je finis	nous fin**iss**ons
second person	tu finis	vous fin**iss**ez
third person	il/elle finit	ils/elles fin**iss**ent

Give the correct part of **finir** and **sortir** for these people.

1 je   2 nous   3 Juliette et Annabelle   4 tu   5 Marc et Paul   6 on   7 ils   8 vous
9 mes parents   10 ma sœur

4.3 -re verbs

Take off the **re** ending to find the stem, and then add the same endings as for verbs which end in **ir: s, s, (t), ons, ez** or **ent**.

rendre

je rends	nous rendons
tu rends	vous rendez
il/elle rend	ils/elles rendent

Verbs like **répondre**, **entendre** and **vendre** which end in **dre** don't take **t** in the third person singular:

	Singulier	*Pluriel*
first person	je réponds	nous répondons
second person	tu réponds	vous répondez
third person	il/elle répond	ils/elles répondent

Other verbs which end in **re**, such as **faire, boire, écrire, lire, mettre, prendre**, etc. are irregular. Check them in the verb tables.

Give the correct part of the verbs **répondre** and **vendre** for these people.

1 vous   2 tu   3 Maurice   4 je   5 Philippe et Denis   6 Nathalie   7 mes parents   8 Sabine et Ambre   9 moi et mon frère   10 on

4.4 Irregular verbs: *avoir* and *être*

These are the two most important verbs to learn: **avoir** (to have) and **être** (to be).

	avoir		*être*	
first person	j'ai	nous avons	je suis	nous sommes
second person	tu as	vous avez	tu es	vous êtes
third person	il/elle a	ils/elles ont	il/elle est	ils/elles sont

Complete these sentences and questions with the correct form of **avoir** or **être**.

1 Je … français(e).

2 J'… treize ans.

3 Nous … un chien.

4 …-vous un chien?

5 J'… un frère, Thomas.

6 Il … égoïste.

7 Il … les yeux bleus et les cheveux bruns.

8 Nous … sportifs.

9 Mes grands-parents … petits.

10 Ils … une maison à la campagne.

11 Mon père … ingénieur.

12 De quelle nationalité …-tu?

13 Quel âge …-tu?

14 …-tu des frères et sœurs?

15 …-vous fatigués?

4.5 Reflexive verbs

Reflexive verbs have a reflexive pronoun (myself/yourself/himself/herself, etc.) between the subject and the verb, which we don't use in English.

se laver to get washed

	Singulier	Pluriel
first person	je me lave	nous nous lavons
second person	tu te laves	vous vous lavez
third person	il/elle se lave	ils/elles se lavent

je m'appelle	*I am called (lit: I call myself)*	je me lève	*I get (myself) up*
je m'habille	*I get (myself) dressed*	je me lave	*I get (myself) washed*
je me couche	*I go to bed (lit:I put myself to bed)*	je me repose	*I rest (myself)*

Fill in the correct part of the verb given in brackets.

1 Je (se lever) à six heures.

2 Je (se laver) et je (s'habiller).

3 Mon frère (se lever) à six heures et demie.

4 Il (se laver) et (s'habiller).

5 Mes sœurs (s'appeler) Lucille et Hélène.

6 Elles (se lever) à 7h00.

7 Elles (se doucher) et (s'habiller).

8 Le soir je (se reposer).

9 Nous (se coucher) à 10h00.

10 Mes parents (se coucher) à 11h00.

4.6   Imperatives

You use the imperative when you are telling someone to do something or giving instructions: Sit down! Listen! Be quiet! Turn left!

The imperative is simply the 'you' form (**tu** or **vous**) of the present tense, without the 'you': **Sors! Sortez!**

-er verbs drop the **s** of the **tu** form, e.g. **Écoute.**

infinitive	'tu' form	'vous' form
aller	vas	allez
*s'asseoir	assieds-toi	asseyez-vous
boire	bois	buvez
*se dépêcher	dépêche-toi	dépêchez-vous
écrire	écris	écrivez
faire	fais	faites
*se lever	lève-toi	levez-vous
prendre	prends	prenez
répondre	réponds à la question	répondez à la question

* Note that reflexive verbs need an extra pronoun in the imperative: **-toi** or **-vous**, e.g. **Assieds-toi, Asseyez-vous**.

Give the correct instruction.

Tutoie:

1 se dépêcher

2 ouvrir le livre

3 écouter la cassette

4 noter les réponses

5 vérifier les réponses

Vouvoie:

6 tourner à gauche

7 prendre la première rue à droite

8 traverser le pont

9 aller tout droit

10 prendre le bus!

4.7 How to say what you have to do

1 You can use **Il faut** + infinitive: it is necessary to …

Il faut aller en ville – *you have to go to town*   Il faut cliquer sur … – *you have to click on …*

Il ne faut pas … *You mustn't …*

> **How would you say you have to do the following things?**
>
> 1 eat less sugar   4 do more exercise
>
> 2 eat more fruit   5 do not smoke
>
> 3 drink more water

2 Or you can use **devoir** + infinitive: to have to (see the verb tables)

Je dois aller en ville.

> **How would you say the following?**
>
> 1 Your brother has to lay the table.   4 Your father has to go to work.
>
> 2 Your sister has to wash up.   5 And you have to finish your homework!
>
> 3 Your mother has to prepare the dinner.

4.8 The perfect tense (*le passé composé*): verbs with *avoir*

In French you use the perfect tense (**le passé composé**) to say what you have done at a certain time in the past.

The **passé composé** is usually formed by using the present tense of **avoir** and the past participle of the verb, just as in English.

j'ai joué *I have played*

auxiliary verb (avoir)	past participle	aux. verb	past part.
j'ai	joué	nous avons	joué
tu as	joué	vous avez	joué
il/elle a	joué	ils/elles ont	joué

To form the past participle of **-er** verbs, take the **er** off the infinitive and replace it with **é**:

jouer → joué

Regular **-ir** verbs make their past participles by taking off the final **r**:

dormir → dormi   partir → parti

finir → fini   sortir → sorti

Regular **-re** verbs take off the **re** and replace it with **u**:

répondre → répondu

> **Using these rules, what would the past participles of these verbs be?**
>
> aimer attendre choisir demander écouter finir habiter inviter laver manger
>
> parler perdre porter ranger regarder rester téléphoner travailler vendre visiter

Here are the past participles of some irregular verbs.

> Look for patterns to help you learn them!
>
> avoir → eu   dire → dit   prendre → pris
> boire → bu   écrire → écrit   apprendre → appris
> lire → lu   faire → fait   comprendre → compris
> voir → vu   mettre → mis
> venir → venu

Give the correct part of the verb in brackets.

1 J'ai (prendre) le bus.

2 Il a (boire) de l'eau.

3 Nous avons (lire) ces magazines.

4 J'ai (apprendre) l'espagnol.

5 Avez-vous (faire) vos devoirs?

6 Il n'a pas (comprendre).

7 As-tu (voir) ce film?

8 Elle a (écrire) une réponse à sa lettre.

9 Ils ont (faire) une balade en vélo.

10 J'ai (mettre) mon pantalon noir.

4.9   The perfect tense (*le passé composé*): verbs with *être*

In the perfect tense most verbs take **avoir** but some take **être**.

je suis allé(e)   *I went*

auxiliary verb (être)	past participle	aux. verb	past part.
je suis	allé(e)	vous êtes	allé(e)(s)
tu es	allé(e)	nous sommes	allé(e)s
il est	allé	ils sont	allés
elle est	allée	elles sont	allées

Notice that with verbs which use **être** as the auxiliary verb, the past participle agrees with the subject (the person or thing doing the action), i.e. it takes an **e** if the subject is feminine and **s** if the subject is plural.

How would you say where these people went?

1 Tom … au collège.

2 Nicolas … au cinéma.

3 Patrice et Fabien … à la piscine.

4 Ma sœur … en ville.

5 Mes frères … à la plage.

6 Je … en ville.

7 Où … -tu …?

8 Vous … chez Maurice?

9 Les filles … à la boum.

10 Paul et Sabine … à la gare.

The following verbs form the **passé composé** with **être**. They are easier to learn as pairs:

aller, venir	*to go and to come*	monter, descendre	*to go up and to go down*
arriver, partir	*to arrive and to leave*	naître, mourir	*to be born and to die*
entrer, sortir	*to enter and to go out*		

All the verbs made up of these verbs, e.g. **rentrer**, **repartir** also take **être**, as do
tomber, **rester**, **retourner** (+ transitive).

How would you say the following in the perfect tense?

1 Je (partir) à 8h00.

2 Il (partir) à 10h00.

3 Elle (partir) à 11h00.

4 Tu (partir) à midi.

5 Nous (arriver) à 16h00.

6 Vous (arriver) à17h00.

7 Les filles (arriver) à 22h00.

8 Isabelle (rester) à la maison.

9 Nicolas (tomber) dans la rue!

10 Ses frères (rester) avec lui.

4.10   Reflexive verbs in the past tense

All reflexive verbs take **être** in the perfect tense.
The past participle agrees with the subject (the person who is doing the action).

je me suis levé(e)	nous nous sommes levé(e)s
tu t'es levé(e)	vous vous êtes levé(e)s
il/elle s'est levé(e)	ils/elles se sont levé(e)s

Give the correct part of these reflexive verbs in the perfect tense.

1 je (se reposer)   2 nous (se baigner)   3 ils (se disputer)   4 vous (s'habiller)
5 elles (s'amuser)   6 tu (se lever)

4.11   The imperfect tense: *l'imparfait*

The imperfect tense is used to talk about something that 'used' to happen, or something
that 'was' happening when something else happened.
If you use 'used to' + verb or 'was/were' + verb in English, these indicate that you should
use the imperfect tense in French.
The imperfect tense is formed from the **nous** form of the present tense: **allons,
dormons, faisons, finissons, habitons, jouons, mangeons, regardons**, etc. Take off
the **ons** ending and replace it with the endings **ais, ais, ait, ions, iez** or **aient**.

jouer   *to play*

je jouais	*I was playing/I used to play*	nous jouions	*we were playing*
tu jouais	*you were playing*	vous jouiez	*you were playing*
il/elle jouait	*he/she was playing*	ils/elles jouaient	*they were playing*

Exception: **être – j'étais**

Give the correct form of the imperfect tense of these verbs.

If you are not sure of the **nous** form of the present tense, look it up in the verb tables!

1 je (aller)   2 tu (faire)   3 nous (habiter)   4 j' (avoir)   5 vous (manger)   6 il (dormir)
7 je (boire)   8 ils (chanter)   9 vous (partir)   10 elles (bavarder)   11 nous (être)
12 tu (sortir)

4.12 The near future: *le futur proche*

The near future is used to say what you are 'going' to do. As in English, it uses the verb **aller** (to go) + the infinitive.

Je vais aller.   *I am going to go.*

Aller is an irregular verb:

	Singulier	*Pluriel*
first person	je vais	nous allons
second person	tu vas	vous allez
third person	il/elle va	ils/elles vont

How would you say these people are going to do these things?

1 Nous (jouer) au tennis.
2 Je (aller) au cinéma.
3 Ils (manger) au snack.
4 Elles (sortir) ce soir.
5 Tu (ranger) tes affaires.

6 Vous (vous coucher).
7 Elle (prendre) une douche.
8 Je (débarrasser) la table.
9 Nicolas (écouter) de la musique.
10 Nous (sortir) le chien.

4.13 The future tense: *le futur*

The future tense is used to talk about something that is going to happen, or something you will do in the future. If you use the word 'will' in English, you need to use the future tense in French.

The future tense is quite easy to learn as most verbs are regular. It is made by adding the following endings to the infinitive (for **-re** verbs take off the **e** first): **ai, as, a, ons, ez, ont**.

je jouerai	*I will play*	nous jouerons	*we will play*
tu joueras	*you will play*	vous jouerez	*you will play*
il/elle jouera	*he/she will play*	ils/elles joueront	*they will play*

Remember that the endings are the same for verbs of all groups.

These are some useful irregular verbs:

avoir	j'aurai	*I will have*
être	je serai	*I will be*
faire	je ferai	*I will do*
voir	je verrai	*I will see*

How would you say these things will happen?

1 Il (faire) beau.
2 Nous (manger) du gâteau.
3 Vous (gagner) de l'argent.
4 Il (acheter) une voiture.
5 Tu (voyager) autour du monde.

6 Je (être) content(e).
7 Elle (avoir) des vacances.
8 Nous (boire) du champagne.
9 Ils (faire) du ski.
10 Elles (visiter) New York.

4.14 The conditional: *le conditionnel*

The conditional tense is used to say what would or could happen.

(vouloir) je voudrais	*I would like*
(pouvoir) je pourrais (aller)	*I could (go)*
(aimer) j'aimerais	*I would like*

It is formed by adding these ending to the infinitive of regular verbs (for **-re** verbs take off the **e** first): **ais, ais, ait, ions, iez, aient**.

How would you say the following?

1 Je (vouloir) un kilo de pommes.

2 Nous (aimer) aller à la plage.

3 Ils (pouvoir) faire une balade à vélo.

4 Vous (pouvoir) jouer au foot.

5 Céline (aimer) aller en ville.

6 Les garçons (vouloir) aller à la piscine.

7 (aimer)-tu regarder la télé?

8 Jacques (vouloir) acheter une voiture.

9 Nous (pouvoir) faire nos devoirs.

10 Les enfants (aimer) jouer dehors.

5 Negatives: how to say no/not/none/never, etc.

5.1 *Ne ... pas*: not/don't

You put **ne** in front of the verb and **pas** after it.

Je ne joue pas de piano.	*I don't play the piano.*
Je n'ai pas de frères et sœurs.	*I haven't any brothers or sisters.*

Remember to change **un/une/du/de la** and **des** to **de**, and **de l'** and **des** to **d'** in front of a vowel or a silent 'h'.

5.2 *Ne ... jamais*: never

Je ne mange jamais de frites.	*I never eat chips.*
Je n'ai jamais fait de ...	*I have never done ...*

5.3 *Ne ... rien*: nothing

Je ne fais rien.	*I don't do anything.*
Il n'a rien mangé.	*He hasn't eaten anything.*

Use the negative in brackets in the following statements:

1 J'ai une sœur. (ne ... pas)

2 Thomas fait ses devoirs. (ne ... jamais)

3 Vous avez un chien. (ne ... pas)

4 Véronique mange des frites. (ne ... jamais)

Say that you have never done these things:

5 As-tu fait du parapente? (ne ... jamais)

6 As-tu bu du vin? (ne ... jamais)

Say that these people haven't eaten anything, and haven't done anything.

Qu'est-ce qu'ils ont mangé? Qu'est-ce qu'ils ont fait?

7 Moi, je ...   8 Tu ...   9 Mon copain ...   10 Mes parents ...

5.4 *Ne ... personne*: nobody

Je ne vois personne.   *I don't see anybody.*

Il n'y a personne qui mange des escargots.   *There is no one who eats snails.*

6 Prepositions

Prepositions are words which come in front of a noun or pronoun to give extra information.

Some prepositions tell you the position of something:

à	*at*		entre	*between*
dans	*in*		sous	*under*
derrière	*behind*		sur	*over*
devant	*in front of*			

Some English prepositions are translated by short 'prepositional' phrases in French:

à côté de   *beside*   en face de   *opposite*   près de   *near*

Other useful prepositions include the following:

après	*after*	après la récré	*after break*
avant	*before*	avant le cours	*before the lesson*
avec	*with*	avec mon ami	*with my friend*
chez	*at the house of*	chez Louis	*at Louis's house*
de	*of*	le CD de mon copain	*my friend's CD*
en	*in, to*	en France	*in France*
pour	*for*	pour moi	*for me*
sans	*without*	sans toi	*without you*

6.1 *À*: to/at

à + the definite article: This can be used to say where you are going to. When used in front of the definite article, **à** also sometimes combines with the definite article:

	Masculin	*Féminin*	*Pluriel*
the	le (l')	la (l')	les
to the	au (à l')	à la (à l')	aux

> How would you say you are going to these places?
>
> **1** boulangerie (f)   **2** supermarché (m)   **3** pâtisserie (f)   **4** collège (m)   **5** hôpital (m)
> **6** cinéma (m)   **7** gare (f)   **8** théâtre (m)   **9** piscine (f)   **10** toilettes (pl)

6.2 *De*: of

Some expressions in French include **de** where we don't use it in English:

en face de   *opposite (of)*
à côté de   *beside/next to*

Remember that when **de** is used with the definite article it sometimes changes:

Masculin	*Féminin*	*Pluriel*
du (de l')	de la (de l')	des

How would you say the post office is opposite these places?

1 église (f)   2 supermarché (m)   3 gare routière (f)   4 collège (m)   5 jardins publics (pl)
6 cinéma (m)   7 gare (f)   8 château (m)   9 piscine (f)   10 toilettes (pl)

6.3   *Depuis:* since

In English we use the perfect tense to say how long we have been doing something; in French they use **depuis** (since) and the present tense:

I have lived in Paris for ten years.
J'habite à Paris depuis dix ans. (lit: *I live in Paris since 10 years.*)
I have been learning French for two years.
J'apprends le français depuis deux ans. (lit: *I learn French since 2 years.*)

How would you say how long you and these people have been living here?

1 moi (10 ans)   3 Mme Duprés (2 ans)   5 Mathilde (14 ans)

2 Monsieur Flaubert (23 ans)   4 Julien (7 ans)

How would you say how long these people have been learning French?

6 moi (2 ans)   8 Emilie (1 an)   10 Florent (10 mois)

7 Julia (6 mois)   9 Benjamin (3 ans)

7   Asking questions

Ways of asking a question which requires the answer 'yes' or 'no':

1   Using intonation, raising your voice towards the end of the phrase:

Tu as un stylo pour moi?   *Have you got a (spare) pen for me?*
Vous avez fini?   *Have you finished?*

2   By 'inversion', that is, changing the order of the subject and verb, as in English.
Notice that in French you put a hyphen between the verb and the pronoun:

As-tu un stylo pour moi?   *Have you got a pen for me?*
Avez-vous fini?   *Have you finished?*

A **t** is placed between the verb and the pronoun in the **il** and **elle** form if it would be difficult to say without:

A-t-elle fini?   *Has she finished?*
Où va-t-il?   *Where is he going?*

3   Using **est-ce que** … You can put **est-ce que** before the statement:

Est-ce que tu as un stylo pour moi?   Est-ce qu'elle a fini?

7.1   Question words

When your question requires a fuller answer you use a question word:

Comment?   *How/Pardon?*
Où?   *Where?*

Quel/Quelle/Quels/Quelles?	*Which?*
Qui?	*Who?*
Combien?	*How many?*
Quand?	*When?*
Que?	*What?*
Pourquoi?	*Why?*

Which word is missing?

1 … t'appelles-tu?

2 … âge as-tu?

3 … habites-tu?

4 … heure est-il?

5 … est le plus sportif?

6 … de sœurs as-tu?

7 … fais-tu le soir?

8 … d'heures de devoirs as-tu?

9 … fais-tu tes devoirs?

8 Dates and numbers – *Les dates et les chiffres*

8.1 Days of the week – *Les jours de la semaine*

lundi, mardi, mercredi, jeudi, vendredi, samedi, dimanche

8.2 Months of the year – *Les mois de l'année*

janvier, février, mars, avril, mai, juin, juillet, août, septembre, octobre, novembre, décembre

8.3 Ordinal numbers

premier/première	deuxième	troisième	dernier/dernière
quatrième	cinquième	sixième	septième
huitième	neuvième	dixième	onzième
douzième	treizième	quatorzième	quinzième
seizième	dix-septième	dix-huitième	dix-neuvième
vingtième	vingt et unième	trentième	centième

8.4 Cardinal numbers

0 zéro	9 neuf	18 dix-huit	40 quarante	91 quatre-vingt-onze
1 un	10 dix	19 dix-neuf	50 cinquante	
2 deux	11 onze	20 vingt	60 soixante	99 quatre-vingt-dix-neuf
3 trois	12 douze	21 vingt et un	70 soixante-dix	
4 quatre	13 treize	22 vingt-deux	71 soixante et onze	100 cent
5 cinq	14 quatorze	23 vingt-trois	75 soixante-quinze	200 deux cents
6 six	15 quinze	24 vingt-quatre	80 quatre-vingts	1000 mille
7 sept	16 seize	25 vingt-cinq	81 quatre-vingt-un	2000 deux mille
8 huit	17 dix-sept	30 trente	90 quatre-vingt-dix	

8.5 Quantities

In French the following words are followed by **de** when expressing quantity:

assez de	*enough*	un peu de	*a little*
beaucoup de	*much/many/lots*	un kilo de	*a kilo of*
peu de	*little/not much*	une bouteille de	*a bottle of*
trop de	*too much*		

9 Extras

9.1 Joining words

et	*and*	alors	*then*	parce que	*because*
mais	*but*	ensuite	*next*	puis	*then*
pour	*for*				

9.2 Time expressions

le jour	*day*	aujourd'hui	*today*
la journée	*the whole day*	demain	*tomorrow*
la semaine	*week*	hier	*yesterday*
le mois	*month*	le lendemain	*the next day*
l'an	*year*	ce matin/soir	*this morning/evening*
l'année	*the whole year*	cet après-midi	*this afternoon*
le matin	*morning*	pendant la journée	*during the day*
l'après-midi	*afternoon*	pendant la nuit	*during the night*
le soir	*evening*	il y a deux jours	*two days ago*
la nuit	*night*	depuis	*since*

10 Verb tables

The most frequently used verbs: *aller, avoir, être* and *faire*

infinitive	present tense		perfect tense	imperfect	future
aller – *to go*	je vais tu vas il/elle va	nous allons vous allez ils/elles vont	je suis allé(e)	j'allais	j'irai
avoir – *to have*	j'ai tu as il/elle a	nous avons vous avez ils/elles ont	j'ai eu	j'avais	j'aurai
être – *to be*	je suis tu es il/elle est	nous sommes vous êtes ils/elles sont	j'ai été	j'étais	je serai
faire – *to do/to make*	je fais tu fais il/elle fait	nous faisons vous faites ils/elles font	j'ai fait	je faisais	je ferai
acheter – *to buy*	j'achète tu achètes il/elle achète	nous achetons vous achetez ils/elles achètent	j'ai acheté	j'achetais	j'achèterai
s'appeler – *to be called*	je m'appelle tu t'appelles il/elle s'appelle	nous nous appelons vous vous appelez ils/elles s'appellent	je me suis appelé(e)	je m'appelais	je m'appellerai
apprendre – *to learn* (*see* prendre)					
s'asseoir – *to sit down*	je m'assieds tu t'assieds il/elle s'assied	nous nous asseyons vous vous asseyez ils/elles s'asseyent	je me suis assis(e)	je m'asseyais	je m'assiérai
boire – *to drink*	je bois tu bois il/elle boit	nous buvons vous buvez ils/elles boivent	j'ai bu	je buvais	je boirai
choisir – *to choose*	je choisis tu choisis il/elle choisit	nous choisissons vous choisissez ils/elles choisissent	j'ai choisi	je choisissais	je choisirai
comprendre – *to understand* (*see* prendre)					

infinitive	present tense		perfect tense	imperfect	future
conduire – *to drive*	je conduis tu conduis il/elle conduit	nous conduisons vous conduisez ils/elles conduisent	j'ai conduit	je conduisais	je conduirai
connaître – *to know*	je connais tu connais il/elle connaît	nous connaissons vous connaissez ils/elles connaissent	j'ai connu	je connaissais	je connaîtrai
construire – *to build* (*see* conduire)					
courir – *to run*	je cours tu cours il/elle court	nous courons vous courez ils/elles courent	j'ai couru	je courais	je courrai
couvrir – *to cover* (*see* ouvrir)					
croire – *to believe*	je crois tu crois il/elle croit	nous croyons vous croyez ils/elles croient	j'ai cru	je croyais	je croirai
cueillir – *to pick/gather*	je cueille tu cueilles il/elle cueille	nous cueillons vous cueillez ils/elles cueillent	j'ai cueilli	je cueillais	je cueillerai
cuire – *to cook* (*see* conduire)					
découvrir – *to discover* (*see* ouvrir)					
décrire – *to describe* (*see* écrire)					
descendre – *to descend/go down*	je descends tu descends il/elle descend	nous descendons vous descendez ils/elles descendent	je suis descendu(e)	je descendais	je descendrai
devenir – *to become* (*see* venir)					
devoir – *to have to*	je dois tu dois il/elle doit	nous devons vous devez ils/elles doivent	j'ai dû	je devais	je devrai
dire – *to say*	je dis tu dis il/elle dit	nous disons vous dites ils/elles disent	j'ai dit	je disais	je dirai
dormir – *to sleep*	je dors tu dors il/elle dort	nous dormons vous dormez ils/elles dorment	j'ai dormi	je dormais	je dormirai
écrire – *to write*	j'écris tu écris il/elle écrit	nous écrivons vous écrivez ils/elles écrivent	j'ai écrit	j'écrivais	j'écrirai
envoyer – *to send*	j'envoie tu envoies il/elle envoie	nous envoyons vous envoyez ils/elles envoient	j'ai envoyé	j'envoyais	j'enverrai
essayer – *to try*	j'essaie tu essaies il/elle essaie	nous essayons vous essayez ils/elles essaient	j'ai essayé	j'essayais	j'essaierai
finir – *to finish*	je finis tu finis il/elle finit	nous finissons vous finissez ils/elles finissent	j'ai fini	je finissais	je finirai
se lever – *to get up*	je me lève tu te lèves il/elle se lève	nous nous levons vous vous levez ils/elles se lèvent	je me suis levé(e)	je me levais	je me lèverai
lire – *to read*	je lis tu lis il/elle lit	nous lisons vous lisez ils/elles lisent	j'ai lu	je lisais	je lirai
manger – *to eat*	je mange tu manges il/elle mange	nous mangeons vous mangez ils/elles mangent	j'ai mangé	je mangeais	je mangerai

infinitive	present tense		perfect tense	imperfect	future
mettre – *to put*	je mets tu mets il/elle met	nous mettons vous mettez ils/elles mettent	j'ai mis	je mettais	je mettrai
offrir – *to offer* (see ouvrir)					
ouvrir – *to open*	j'ouvre tu ouvres il/elle ouvre	nous ouvrons vous ouvrez ils/elles ouvrent	j'ai ouvert	j'ouvrais	j'ouvrirai
partir – *to leave*	je pars tu pars il/elle part	nous partons vous partez ils/elles partent	je suis parti(e)	je partais	je partirai
pouvoir – *to be able*	je peux tu peux il/elle peut	nous pouvons vous pouvez ils/elles peuvent	j'ai pu	je pouvais	je pourrai
préférer – *to prefer*	je préfère tu préfères il/elle préfère	nous préférons vous préférez ils/elles préfèrent	j'ai préféré	je préférais	je préférerai
prendre – *to take*	je prends tu prends il/elle prend	nous prenons vous prenez ils/elles prennent	j'ai pris	je prenais	je prendrai
recevoir – *to receive*	je reçois tu reçois il/elle reçoit	nous recevons vous recevez ils/elles reçoivent	j'ai reçu	je recevais	je recevrai
reconnaître – *to recognise* (see connaître)					
rire – *to laugh*	je ris tu ris il/elle rit	nous rions vous riez ils/elles rient	j'ai ri	je riais	je rirai
savoir – *to know*	je sais tu sais il/elle sait	nous savons vous savez ils/elles savent	j'ai su	je savais	je saurai
sentir – *to feel*	je sens tu sens il/elle sent	nous sentons vous sentez ils/elles sentent	j'ai senti	je sentais	je sentirai
servir – *to serve*	je sers tu sers il/elle sert	nous servons vous servez ils/elles servent	j'ai servi	je servais	je servirai
sortir – *to go out*	je sors tu sors il/elle sort	nous sortons vous sortez ils/elles sortent	je suis sorti(e)	je sortais	je sortirai
sourire – *to smile* (see rire)					
suivre – *to follow*	je suis tu suis il/elle suit	nous suivons vous suivez ils/elles suivent	j'ai suivi	je suivais	je suivrai
tenir – *to hold*	je tiens tu tiens il/elle tient	nous tenons vous tenez ils/elles tiennent	j'ai tenu	je tenais	je tiendrai
venir – *to come*	je viens tu viens il/elle vient	nous venons vous venez ils/elles viennent	je suis venu(e)	je venais	je viendrai
voir – *to see*	je vois tu vois il/elle voit	nous voyons vous voyez ils/elles voient	j'ai vu	je voyais	je verrai
vouloir – *to want*	je veux tu veux il/elle veut	nous voulons vous voulez ils/elles veulent	j'ai voulu	je voulais	je voudrai

Vocabulaire français–anglais

A

à *at, to*
il a *he has*
à mon avis *in my opinion*
absolument *absolutely*
l' accès (m) *access*
un accident *an accident*
acheter *to buy*
un(e) acteur/trice *an actor/tress*
actif/ive *active*
une activité physique *a physical activity*
actuellement *at the moment*
un(e) adolescent(e) *a teenager*
j' adore ça *I love it*
adorer *to adore, to love*
une adresse e-mail *an e-mail address*
un(e) adversaire *an opponent*
l' aérobic (f) *aerobics*
aéronautique *related to aircrafts*
des affaires (fpl) *belongings*
affreux/se *awful*
africain(e) *African*
l' Afrique du Nord (f) *North Africa*
l' Afrique du Sud (f) *South Africa*
l' âge (m) *age*
un agenda *a diary*
une agression *the act of aggression*
il s' agit de … *it's about …*
agricole *agricultural*
un(e) agriculteur/trice *a farmer*
l' agriculture (f) *agriculture*
j' ai *I have*
aider *to help*
un aigle *an eagle*
une aiguille *a needle*
aimer *to like, to love*
l' aîné(e) *the eldest (of siblings)*
je n' ai pas le temps *I haven't got time*
de l' air frais (m) *some fresh air*
ajouter *to add*
un album *an album*
l' alcool (m) *alcohol*
alerte à (f) … *… warning*
un aliment *food*
l' Allemagne (f) *Germany*
allemand(e) *German*
aller *to go*
aller à toute vitesse *to go at full speed*
aller chercher *to fetch*
aller se coucher *to go to bed*
des allumettes (fpl) *matches*
les Alpes (fpl) *the Alps*
l' alphabet (m) *the alphabet*
alsacien(ne) *Alsatian*
l' ambiance (f) *the atmosphere*
ambitieux/se *ambitious*
une ambulance *an ambulance*
s' améliorer *to improve*
américain(e) *American*
l' Amérique du Sud (f) *South America*
un(e) ami(e) *a friend*
l' amitié (f) *friendship*
amoureux/se *in love*
la vie amoureuse *love life*
s' amuser *to enjoy oneself*
un an *a year*
un ancêtre *an ancestor*
ancien(ne) *old*

un animal *an animal*
des animaux (mpl) *animals*
une année *a year*
l' année scolaire (f) *the school year*
les années 1880 (fpl) *the 1880's*
un anniversaire *a birthday*
annoncer *to announce*
un anorak *an anorak*
il a 14 ans *he's 14 years old*
un appareil *a device*
un appareil photo *a camera*
un appartement *a flat*
appeler *to call*
s' appeler *to be called*
je m' appelle *I am called/my name is*
apporter *to bring*
apprendre *to learn*
approcher *to get close to*
après *after*
d' après … *according to …*
l' après-midi (m) *the afternoon*
de l' après-shampooing (m) *conditioner*
aquatique *aquatic*
arabe *Arabic*
un arbre *a tree*
un archipel *a group of islands (archipelago)*
l' argent (m) *money*
mettre de l' argent de côté *to save money*
l' argent de poche (m) *pocket money*
l' argot (m) *slang*
arracher de *to snatch from*
s' arranger *to get better*
l' arrêt de bus (m) *the bus stop*
mes arrière-grands-parents (mpl) *my great-grandparents*
y arriver *to get there*
un art martial *a martial art*
un ascenseur *a lift*
un aspirateur *a hoover*
assembler *to put together*
s' asseoir *to sit down*
asseyez-vous *sit down (vous command)*
assez *enough, quite*
pas assez de … *not enough …*
assieds-toi *sit down (tu command)*
une assiette *a plate*
assister à *to attend*
assumer *to take on*
assuré(e) *guaranteed*
attaquer *to attack*
attends *wait (tu command)*
attention! *watch out!*
attirant(e) *attractive*
ne … aucun(e) *not … any*
aujourd'hui *today*
j' aurais préféré *I would have preferred*
aussi *also, too*
authentique *authentic*
l' autodéfense (f) *self-defence*
un autographe *an autograph*
une autoroute *a motorway*
autour de *around*
autre *other*
autrefois *in the past*
autrui *other people*
il y avait *there was*
on avait *one had*
avec *with*

une aventure *an adventure*
une averse *a rain shower*
avertir *to warn*
un avion *an aeroplane*
un avis *an opinion*
avoir *to have*
en avoir assez *to be fed up*
avoir mal *to hurt*
nous avons *we have*

B

le baby-foot *table football*
le badminton *badminton*
une baguette *a French stick*
se baigner *to bathe; to go swimming*
une baignoire *a bath tub*
en baisse *dropping*
baisser *to lower*
une balade à vélo *a bike ride*
se balader *to go for a stroll*
un baladeur *a walkman*
un balcon *a balcony*
un ballon *a ball*
une banane *a banana*
une bande *a gang*
la banlieue *the suburbs*
une banque *a bank*
un bar *a bar*
un barbecue *a barbecue*
en bas *downstairs*
le basket(-ball) *basketball*
des baskets (fpl) *trainers*
un bassin *a pool*
une bassinoire *a warming pan*
un bateau *a boat*
bâtir *to build*
la batterie *the drums*
bavard(e) *chatty*
bavarder *to chat*
beau *good-looking (m)*
beaucoup de *many*
le beau temps *nice weather*
c'est bébé *it's babyish*
un bébé *a baby*
beige *beige*
la Belgique *Belgium*
belle *good-looking (f)*
bénéficier de *to benefit from*
j'ai besoin de *I need*
bête *stupid*
une bêtise *a stupid thing*
du béton *concrete*
beurk! *yuk!*
le beurre *butter*
une bicyclette *a bicycle*
un bidon *a container*
bien *good*
bien sûr *of course*
bienvenu(e) *welcome*
une bière *a beer*
un bikini *a bikini*
une binette *a face*
un biscuit *a biscuit*
blanc(he) *white*
blessé(e) *injured*
bleu *blue*
bleu marine *navy blue*
blond(e) *blond*
un blouson *a bomber jacket*
le bœuf *beef*
bof! *dunno!*
boire *to drink*
le bois *wood*
une boisson *a drink*

une boîte *a tin*
une boîte à courrier *a mail box*
une boîte à outils *a tool box*
un bol *a bowl*
un bonbon *a sweet*
bonjour *hello*
bon(ne) *good*
de bonne heure *very early*
le bord *the edge*
au bord de la mer *at the seaside*
bordeaux *burgundy*
la bordure *the edge*
des bottes (fpl) *boots*
la bouche *the mouth*
bouger *to move*
une bougie *a candle*
faire bouillir *to boil*
la boulangerie *the baker's*
une boum *a party*
un bouquet *a bouquet*
la Bourgogne *Burgundy*
le bout *the end*
une bouteille *a bottle*
un bouton *a button*
j'ai des boutons *I'm spotty*
le bowling *bowling*
un bras *an arm*
la Bretagne *Brittany*
le breton *Breton (language)*
le bricolage *DIY*
(se faire) bronzer *to get a tan*
une brouette *a wheelbarrow*
le brouillard *fog*
faire du bruit *to make noise*
la brume *mist*
brumeux/se *misty, foggy*
brun(e) *brown*
j'ai bu *I drank*
un buffet *a buffet*
le bulletin météo *the weather report*
un bureau *an office, a study*
un burger *a hamburger*
en bus *by bus*
un but *a goal, an aim*
je buvais *I was drinking*

C

ça *that, it*
le/la cadet(te) *the youngest (of siblings)*
un café *a coffee / a café*
le calcium *calcium*
calculer *to calculate*
calme *quiet*
un caméléon *a cameleon*
un camion *a lorry*
la campagne *the countryside*
un campeur *a camper*
le camping *the campsite*
le cancer *cancer*
un canif *a pen knife*
le canoë *canoeing*
la cantine *the canteen*
la capacité *the ability*
la capitale *the capital*
car *for, because*
le car de ramassage *the school bus*
caractérisé par *distinguished by*
une carafe d'eau *a water jug*
carambolé(e) *in a pile-up*
un cardigan *a cardigan*
une carotte *a carrot*
un carrefour *a junction*
faire carrière dans *to make one's career in*
une carte *a card*
une carte d'identité *an ID card*

une carte postale *a postcard*
un casque *a helmet*
casser *to break*
une cassette *a tape*
ça te va? *does it suit you?*
ça va? *are you all right?*
la cave *the cellar*
un CD *a CD*
ce *this (m)*
céder sa place *to give up one's place*
célèbre *famous*
le centre commercial *the shopping centre*
le centre-ville *the town centre*
des céréales (fpl) *cereals*
ces *these*
c'est *it is*
c'est-à-dire *i.e, that is (to say)*
c'était *it was*
cette *this (f)*
une chaîne *a channel (TV)*
une chaîne de montagnes *a mountain range*
une chaise *a chair*
la chambre *the bedroom*
un champ *a field*
un champion *a champion*
avoir de la chance *to be lucky*
un changement *a change*
changer *to change*
une chanson *a song*
chanter *to sing*
un(e) chanteur/euse *a singer*
un chantier *a construction site*
un chapeau *a hat*
chaque *each*
un chariot *a cart*
charmant(e) *charming*
un chat *a cat*
un château *a castle*
il faisait chaud *it was hot*
j'ai chaud *I'm hot*
le chauffage central *central heating*
un chauffeur routier *a lorry driver*
des chaussettes (fpl) *socks*
des chaussures (fpl) *shoes*
un chemin *a path*
le chemin de fer *the railway*
une cheminée *a fireplace*
une chemise *a shirt*
un chemisier *a blouse*
cher/chère *expensive, dear*
un cheval *a horse*
des chevaux (mpl) *horses*
les cheveux (mpl) *hair*
une chèvre *a goat*
un chewing-gum *a piece of chewing gum*
chez Marc *at Marc's house*
chez moi *at my house, at home*
chic *stylish*
un chien *a dog*
un chiffre arabe *an Arabic numeral*
la Chine *China*
des chips (mpl) *crisps*
un chocolat chaud *a hot chocolate*
le choix *choice*
au chômage *unemployed*
une chute *a fall*
du cidre *cider*
le ciel *the sky*
la cime *tree top/summit*
une cité *a city*
un citoyen *a citizen*
choisir *to choose*
une chose *a thing*

chouette! *great!*
le cinéma *the cinema*
une cigarette *a cigarette*
un circuit *a race track*
la circulation *traffic*
clair *light (colour)*
en classe *in class*
classique *formal (clothes)*
une clope *a fag (slang)*
le club des jeunes *the youth club*
un coca *a Coke*
par cœur *by heart*
un(e) coiffeur/euse *a hairdresser*
au coin *on the corner*
un coin-repas *a dining area*
un col en V *a V-neck*
un col roulé *a polo neck*
la colère *anger*
un collant *tights*
de la colle *glue*
le collège *secondary school (ages 10–15)*
combien? *how much/many?*
il faut combien de temps? *how long does it take?*
une combinaison étanche *a waterproof suit*
un(e) comédien(ne) *actor/actress*
comme *like, as*
commencer (à) *to begin (to)*
comment? *how?*
tu es comment? *what do you look like?*
comment ça s'écrit? *how do you spell it?*
le commerce *business*
commercial(e) *commercial*
communal(e) *used by the community*
une commune *a town*
la communication *communication*
une compétition *a competition*
complètement *completely*
compliqué(e) *complex*
composé(e) de *made of*
à son compte *self-employed*
compter *to count*
il faut compter 5 minutes *it takes 5 minutes*
la concentration *concentration*
un concert *a concert*
un concours *a competition*
la confiance *trust, confidence*
de la confiture *jam*
confortable *comfortable*
la connaissance *knowledge*
connaître *to know*
connu(e) *known*
se consacrer à *to devote one's time to*
un conseil *some advice*
conserver *to preserve*
construit(e) *constructed*
contacter *to contact*
contenir *to hold*
content(e) *happy*
continuer à *to carry on*
au contraire *on the contrary*
contre *against*
contrôler *to control*
cool! *cool!*
un copain *a friend (m)*
copier sur … *to copy off …*
une copine *a friend (f)*
une corde *a rope*
la Corée du Sud *South Korea*
des cornichons (mpl) *pickles*
le corps *the body*
un(e) corres(pondant(e)) *a penfriend*

cosmopolite *cosmopolitan*
la côte *the coast*
la Côte d'Azur *the French Riviera*
à côté de *next to*
du côté de ma mère *on my mother's side*
le coton *cotton*
du coton peigné *brushed cotton*
le cou *the neck*
je me suis couché(e) *I went to bed*
se coucher *to go to bed*
le coude *the elbow*
une coudière *an elbow guard*
une coulée de lave *a lava flow*
la couleur *colour*
avoir un coup de cœur pour *to fall in love with*
un coup de folie *a mad impulse*
un coup de poing *a punch*
couper *to cut*
le courage *courage*
le courrier électronique *e-mail*
un cours *a lesson*
une course de voitures *a motor race*
court(e) *short*
mon/ma cousin(e) *my cousin*
un couteau (à pain) *a (bread) knife*
ça coûte combien? *how much is it?*
couvert *overcast*
couvert(e) *covered*
une couverture *a blanket*
une cravate *a tie*
créer *to create*
de la crème hydratante *moisturising cream*
de la crème anti-solaire *sun cream*
la criminalité *crime*
un crocodile *a crocodile*
croire *to think, to believe*
je crois que ... *I think that ...*
croisé(e) *crossed*
un croissant *a croissant*
croquer la vie *to live life to the full*
un crustacé *crustacean, shellfish*
une (petite) cuillère *a (tea)spoon*
en cuir *(made of) leather*
faire cuire *to cook*
la cuisine *the kitchen / cooking*
un(e) cuisinier/ière *a cook*
cuit(e) *cooked*
une culotte *knickers*
cultiver *to cultivate, to grow*
le cyanure *cyanide*
un cybercriminel *an Internet hacker*
le cyclisme *cycling*
un cyclone *a cyclone*
un cygne *a swan*

D

en danger *in danger*
dans *in*
la danse *dancing*
un(e) danseur/euse *a dancer*
le Danube *the Danube*
un dauphin *a dolphin*
de *of*
le débarras *the junk room*
débarrasser la table *to clear the table*
déborder *to overflow*
débrancher *to unplug*
se débrouiller *to manage*
le décalage horaire *time-lag*
une déception *a disappointment*
les déchets *rubbish, scraps*

les déchets industriels (mpl) *industrial waste*
décider *to decide*
décontracté(e) *casual (clothes)*
la découverte *the discovery*
découvrir *to discover*
déborder *to overflow*
le début de *the beginning of*
un déferlement *breaking (of waves)*
déformé *out of shape (clothes)*
dégoûtant(e) *disgusting*
déguiser *to disguise*
dehors *outside*
déjà *already*
déjeuner *to have lunch*
le déjeuner *lunch*
délavé *faded (clothes)*
demain *tomorrow*
demander à *to ask*
déménager *to move house*
le/la demi-cousin(e) *half-cousin*
le demi-frère *half-brother*
une demi-heure *half an hour*
la demi-sœur *half-sister*
du dentifrice *toothpaste*
les dents (fpl) *teeth*
dépasser *to exceed*
se dépêcher *to hurry*
dépêche-toi! *hurry up!*
ça dépend *it depends*
dépenser *to spend*
depuis *for, since*
on y habite depuis toujours *we've always lived there*
déranger *to disturb*
dernier/ière *last*
dernier cri *latest fashion*
samedi dernier *last Saturday*
derrière *behind*
des *some (plural of un/une)*
descendre *to go down*
une description *a description*
désemparé(e) *helpless*
un dessin *a drawing*
dessus *on top*
un détective *a detective*
ça détend *it's relaxing*
détendez-vous! *relax! (vous command)*
se détendre *to relax*
deuxième *second*
deuxièmement *secondly*
devant *in front of*
le développement *the development*
devenir *to become*
devoir *must*
les devoirs *homework*
dimanche *Sunday*
nous avons dîné *we had dinner*
le dîner *dinner*
dire *to say*
direct(e) *direct*
la direction *direction*
la discipline *discipline*
disons ... *let's say ...*
on s'est disputé *we argued*
un disque *a record*
se disputer *to argue*
se dissiper *to disperse*
distinguer ... de ... *to distinguish ... from ...*
un document *a document*
un documentaire *a documentary*
un doigt de pied *a toe*
tu dois *you must*
donner *to give*
donner à manger aux animaux *to feed the animals*

donner sur *to overlook*
donnez-moi *give me (vous command)*
la Dordogne *the Dordogne*
dormir *to sleep*
je dors *I sleep*
le dos *the back*
doucement *softly, slowly*
une douche *a shower*
je me suis douché(e) *I took a shower*
se doucher *to take a shower*
draguer *to chat up*
tout droit *straight on*
à droite *on the right*
les Droits de l'Homme *Human Rights*
drôle *funny*
nous avons dû *we had to*
qui dure *which lasts*
dynamique *dynamic*

E

l' eau (f) *water*
l' eau courante (f) *running water*
de l' eau douce (f) *fresh water*
une écharpe *a scarf*
une éclaircie *a sunny spell*
éclairer *to light (up)*
l' école maternelle (f) *nursery school (ages 3–6)*
écossaise(e) *Scottish, tartan*
écouter *to listen*
un écran *a screen*
écrire *to write*
un effort *an effort*
ça m'est égal *I don't mind*
également *equally, as well*
égoïste *selfish*
l' électricité (f) *electricity*
elle(s) *she/they (f)*
embouteiller *to block roads*
une émission *a TV programme*
emmener *to take someone*
un emplacement *a pitch*
empoisonner *to poison*
emprunter *to borrow*
en *some, any*
je n' en ai pas *I haven't got any*
une enceinte *outer wall*
encore *again, still*
pas encore *not yet*
un endroit *a place*
l' énergie (f) *energy*
énerver *to annoy*
s' énerver *to get annoyed*
tu m' énerves *you get on my nerves*
un enfant *a child*
enfantin *childish*
s' ennuyer *to be bored*
ennuyeux/se *boring*
énorme *huge*
enregistrer *to record*
un ensemble de *a group of*
ensoleillé *sunny*
entier/ière *entire*
entouré de *surrounded by*
l' entraînement (m) *practice*
s' entraîner *to practise*
entre ... et ... *between ... and ...*
un(e) entrepreneur/euse *businessman/woman*
une entreprise *a business*
entrer *to enter, to come in*
laisser entrer *to let (someone) in*
entretenir *to maintain*
un entretien *an interview*
j'ai envie de *I want to*
envoie-nous *send us (tu command)*

envoyer *to send*
l' épaule (f) *the shoulder*
les épinards (mpl) *spinach*
perdre l' équilibre (m) *to lose balance*
une équipe *a team*
l' équitation (f) *horse riding*
une erreur *a mistake*
une éruption *an eruption*
l' escalade (f) *climbing*
l' escalier (m) *the stairs*
l' espace (m) *space*
l' Espagne (f) *Spain*
un espoir *hope*
essayer de *to try to*
une essoreuse *a wringer*
il/elle est *he/she is*
l' est (m) *the east*
et *and*
1er, 2e étage *1st, 2nd floor*
il/elle était *he/she was*
étanche *waterproof*
un état d'âme *a mood*
les États-Unis (mpl) *the United States*
l' été (m) *summer*
(s') étirer *to stretch (out)*
une étoile *a star*
s' étonner *to be surprised*
être *to be*
un être humain *a human being*
faire des études *to study*
un(e) étudiant(e) *a student*
l' Europe (f) *Europe*
eux *them*
chez eux *at their house*
être éveillé(e) *to be awake*
l' évier (m) *the sink*
éviter *to avoid*
exactement *exactly*
exagérer *to exaggerate*
un examen *an exam*
par exemple *for example*
un exercice *exercise*
l' existence (f) *life*
une salle d' exposition (f) *a showroom*
le faire exprès *to do something on purpose*
exprimer *to express*
extérieur *outside*
c'est extra *it's great*

F

la fabrication de *the making of*
fabriquer *to make*
en face de *opposite*
facile *easy*
facilement *easily*
de toute façon *anyway*
j'ai faim *I'm hungry*
faire *to do, to make*
il faisait chaud *it was hot*
je ne fais rien *I don't do anything*
que fais-tu? *what are you doing?*
il fait jour *it's daylight*
les faits essentiels *essential facts*
il fallait *you had to*
la famille *family*
être fan de … *to be a … fanatic*
un fantôme *a ghost*
farfelu(e) *scatty*
je suis fatigué(e) *I am tired*
un faucon *a falcon*
se faufiler *to edge one's way*
il faut *you need (to)*
faux/fausse *false*
à la faveur de *in favour of*
une femme *a woman*
la fenêtre *the window*
le fer *iron*
une ferme familiale *family farm*

fermer *to close, to shut*
fermer la porte à clé *to lock the door*
un festival *a festival*
le feu *fire*
une feuille *a leaf*
un feuilleton *a TV series*
les feux *the traffic lights*
les fibres (fpl) *fibre*
je m'en fiche *I don't care*
fidèle *faithful*
au fil de *along*
une fille *a girl*
un film *a film*
la fin *the end*
finalement *finally*
finir *to finish*
des cheveux fins *fine hair*
flâner *to stroll*
une fleur *a flower*
un fleuve *a river flowing into the sea*
la flexibilité *flexibility*
encore une fois *one more time*
cette fois *this time*
une fois par semaine *once a week*
folklorique *folk*
foncé *dark (colour)*
fonctionner *to work*
au fond du jardin *at the bottom of the garden*
fondu(e) *melted*
une fontaine *a fountain*
le foot *football*
un footballeur *a football player*
le footing *jogging*
la force *strength*
forcer *to force*
la forêt *the forest*
la forme *fitness*
formidable *fantastic*
Formule 1 *Formula 1*
fort(e) *strong*
être fort en *to be good at*
une ville fortifiée *a walled town*
un four *an oven*
un four à gaz *a gas oven*
une fourchette *a fork*
une fraise *a strawberry*
français(e) *French*
la France *France*
la Francophonie *French speaking countries*
mon frère *my brother*
le frigo *the fridge*
des fringues (fpl) *clothes (slang)*
frisé(e) *curly*
les frites (fpl) *chips*
j'ai froid *I'm cold*
le fromage *cheese*
le front *the forehead*
une frontière *a border (between countries)*
un fruit *fruit*
la fumée *smoke*
fumer *to smoke*
une fusée *a rocket*
futuriste *futuristic*
le Futuroscope *theme park near Poitiers*

G

gagner *to win*
une galerie *a gallery*
des gants (mpl) *gloves*
un garage *a garage*
un garçon *a boy*
un garde-manger *a meat safe*
garder *to keep*
garder la forme *to keep fit*

la gare *the station*
la gare routière *the bus station*
la Garonne *the Garònne river*
à votre gauche *on your left*
un(e) gaucher/ère *a left-handed person*
les gaz d'échappement (mpl) *exhaust fumes*
gazeux/se *fizzy*
une génération *generation*
génial! *brilliant!*
le genou *knee*
un genre de *a kind of*
les gens (mpl) *people*
gentil(le) *kind*
un gilet *a cardigan*
une glace *an ice-cream*
les glucides (mpl) *carbohydrates*
le golf *golf*
tu es gonflé(e)! *you've got nerve!*
une gourmandise *a treat (food)*
le goûter *afternoon snack*
grand(e) *big, tall*
les grandes vacances (fpl) *the summer holidays*
grandir *to grow (up)*
ma grand-mère *my grandmother*
les grands-parents (mpl) *grandparents*
mon grand-père *my grandfather*
un(e) graphiste *a graphic designer*
gratuit(e) *free*
une grève *a strike*
grièvement blessé *seriously injured*
grimper *to climb up*
gris(e) *grey*
gris-bleu *blue-grey*
faire grise mine *to pull a long face*
gros(se) *big, fat*
un groupe *a group*
le guide *the tour guide*
la guitare *the guitar*
la gymnastique *gymnastics*

H

un(e) habitant(e) *inhabitant*
j' habite à *I live in*
habiter *to live*
une habitude *a habit*
le hall *the hall*
les haricots (mpl) *beans*
en hausse *rising*
hausser les épaules *to shrug*
haut(e) *high*
un hectare *a hectare*
l' herbe (f) *grass*
une héroïne *a heroine*
un héros *a hero*
hésiter *to hesitate*
une heure *an hour*
l' Hexagone (m) *metropolitan France*
hier *yesterday*
hier soir *last night*
l' histoire (f) *history*
historique *historical*
l' hiver (m) *winter*
le hockey sur glace *ice hockey*
l' honneur (m) *honour*
j'ai honte *I'm ashamed*
un hôpital *hospital*
l' horizon (m) *the horizon*
la houle *sea swell*
de l' huile (f) *oil*
huitième *eighth*
une humeur *a mood*
de mauvaise humeur *in a bad mood*
un hypermarché *a hypermarket*

I

un **iceberg** *an iceberg*
ici *here*
une **idylle** *a romance*
une **île** *an island*
l' **Île-de-France** *the region around Paris*
il(s) *he/they*
illuminer *to light up*
il n'y a pas de … *there isn't/ aren't any …*
il n'y a plus de … *there is/are no more …*
il y a *there is/are*
il y a eu *there has been*
il y avait *there was/were*
un **immeuble** *a building, block of flats*
immobilisé(e) *brought to a standstill*
impatient(e) *impatient*
important(e) *important*
impressionnant(e) *impressive*
imprimer *to print*
inconnu *unknown*
indépendant(e) *independent*
indiquer *to indicate*
individuel *individual*
l' **industrie principale (f)** *the main industry*
industriel(le) *industrial*
un(e) **infirmier/ère** *a nurse*
influencé(e) *influenced*
un(e) **informaticien(ne)** *a computer programmer*
une **info(rmation)** *information*
l' **informatique (f)** *IT*
un **ingénieur** *an engineer*
prendre des **initiatives** *to take the initiative*
une **inondation** *a flood*
s' **inscrire** *to enrol*
insignifiant(e) *insignificant*
un(e) **instituteur/trice** *a primary school teacher*
une **institution** *institution*
un **instrument** *an instrument*
insupportable *unbearable*
intellectuel(le) *intellectual*
intelligent(e) *intelligent*
interactif/ve *interactive*
ça ne m' **intéresse pas** *I'm not interested*
un(e) **internaute** *an Internet user*
une **intersection** *a junction*
être **interviewé(e)** *to be interviewed*
l' **intonation (f)** *intonation*
une **instruction** *instruction*
être **invité(e)** *to be invited*
Israël (m) *Israel*
l' **Italie (f)** *Italy*
italien(ne) *Italian*

J

jaloux/se *jealous*
ne … **jamais** *never*
une **jambe** *leg*
une **jambière** *shin guard*
le **jambon** *ham*
le **Japon** *Japan*
japonais(e) *Japanese*
le **jardin** *garden*
jaune *yellow*
le **jazz** *jazz*
je/j' *I*
un **jean** *jeans*
en **jersey** *jersey*
jeter *to throw away*
se **jeter dans** *to flow into (river)*
un **jeu** *a game*

le **jeu à treize** *rugby*
un **jeu vidéo** *a video game*
jeudi *Thursday*
un(e) **jeune** *a young person*
le **jogging** *jogging*
joli(e) *pretty*
une **joue** *cheek*
jouer *to play*
jouer des tours *to play tricks*
un(e) **joueur/se** *a player*
un **jour** *a day*
le/**le journal/aux** *newspaper(s)*
toute la **journée** *all day long*
tous les **jours** *every day*
le **judo** *judo*
une **jupe** *a skirt*
le **Jura** *the Jura mountains*
un **jus d'orange** *orange juice*
jusqu'à *until*
juste *just*
ce n'est pas **juste** *it's not fair*
tout **juste** *only just*

K

le **karaoké** *karaoke*
le **karaté** *karate*
le **kayak** *kayaking*
du **ketchup** *ketchup*
à … **kilomètres de …** *… kms from*
un **kilomètre** *a kilometre*

L

l' **the (before a vowel or a silent 'h')**
la **the (f)**
là **there**
un **lac** *a lake*
en **laine** *(made of) wool*
une **laisse** *a leash*
laisser *to leave*
le **lait** *milk*
une **lampe à huile** *an oil lamp*
une **lampe de poche** *a torch*
lancer *to launch (rocket)*
une **langoustine** *a langoustine*
la **langue officielle** *the official language*
laquelle *which (f)*
latin(e) *Latin*
de la **lave** *lava*
le **lave-vaisselle** *the dishwasher*
laver *to wash*
laver la vaisselle *to wash the dishes*
se **laver les dents** *to brush one's teeth*
un **lavoir** *a wash house*
le **the (m)**
une **leçon** *a lesson*
un **légume** *a vegetable*
lequel *which (m)*
les **the (pl)**
une **lettre** *a letter*
leur(s) *their, them*
je me **lève** *I get up*
je me suis **levé(e)** *I got up*
lever *to raise*
se **lever** *to get up*
les **lèvres** *lips*
la **librairie** *the book shop*
libre *free*
au **lieu de** *instead of*
la **ligne de bus** *bus number, route*
lilas *lilac*
de la **limonade** *lemonade*
laver le **linge** *to do the washing*
un **liquide** *a liquid*
lire *to read*
un **lit** *a bed*
faire le **lit** *to make the bed*

un **lit superposé** *a bunk bed*
un **litre** *a litre*
le **littoral** *the shore*
un **livre** *a book*
un **logiciel** *software*
c'est **loin?** *how far is it?*
la **Loire** *the river Loire*
les **loisirs** *leisure*
long(ue) *long*
le **long de** *along*
longue conservation *long life (milk, etc)*
sur la même **longueur d'ondes** *on the same wave length*
un **look** *a style (clothes)*
lui *him, her*
lundi *Monday*
je porte des **lunettes (fpl)** *I wear glasses*
des **lunettes de soleil (fpl)** *sunglasses*
un **lutteur** *a wrestler*

M

ma *my (f)*
une **machine à café** *coffee machine*
une **machine à laver** *washing machine*
un **maçon** *a builder*
madame *Mrs, madam*
un **magasin** *a shop*
un **magazine** *a magazine*
un **magnétoscope** *a video recorder*
mai *May*
un **maillot (de bain)** *a swimsuit/trunks*
une **main** *a hand*
maintenant *now*
mais *but*
la **maison** *the house*
à la **maison** *at home*
la **majorité de …** *the majority of …*
avoir **mal à …** *to have a … ache*
faire **mal** *to hurt*
pas **mal de** *quite a lot of*
une **maladie** *a disease, an illness*
maladroit *clumsy*
malheureux/se *unhappy*
la **Manche** *the English Channel*
manger *to eat*
une **manifestation** *a demonstration*
un **mannequin** *a model*
un **manque de** *a lack of*
qu'est ce qu'il vous **manque?** *what do you need?*
maori(e) *Maori*
le **maquillage** *make-up*
se **maquiller** *to put make-up on*
mardi *Tuesday*
le **marché** *the market*
marcher *to walk*
le **mari** *husband*
le **mariage** *marriage*
une **marque** *a brand*
marquer un but *to score a goal*
marrant(e) *funny*
marron *brown*
un **marteau** *a hammer*
la **masse musculaire** *muscle mass*
le **Massif central** *the Massif Central (mountains in Central France)*
les **maths** *maths*
le **matin** *morning*
5 heures du **matin** *5 am*
faire la grasse **matinée** *to have a lie-in*
mauvais(e) *bad*

un mec *a lad, a bloke*
un(e) mécanicien(ne) *a mechanic*
un médecin *a doctor*
Médecins sans Frontières (mpl) *charity which sends doctors where needed*
un cabinet médical *a doctor's surgery*
un médicament *medecine*
le/la meilleur(e) *the best*
meilleur(e) que *better than*
être membre de … *to be a member of …*
même *same, even*
tout de même … *still …*
la mémoire (vive) *(good) memory*
le menton *the chin*
un menuisier *a joiner*
la mer *the sea*
merci *thank you*
mercredi *Wednesday*
ma mère *my mother*
une merguez *a spicy sausage*
la mer Méditerranée *the Mediterranean Sea*
mes *my (pl)*
un message *a message*
la météo *the weather forecast*
je mesure 1m50 *I am 1m50 tall*
mesurer *to measure*
un mètre *a metre*
mettre *to put*
mettre en marche *to switch on*
mettre la table *to lay the table*
à midi *at lunchtime*
il est midi *it's noon*
le Midi *the South of France*
au milieu de *in the middle of*
un milk-shake *a milk-shake*
un million *a million*
avoir bonne mine *to look well*
le minigolf *crazy golf*
minuit *midnight*
c'est à … minutes d'ici *it's … minutes from here*
à mi-temps *part-time*
une mobylette *a moped*
la mode *fashion*
être à la mode *to be trendy*
la modestie *modesty*
moi *me*
la moindre idée *the slightest idea*
moins de … *less than …*
un mois *a month*
en ce moment *at the moment*
un bon moment *a good time*
mon *my (m)*
le monde *the world / people*
pas grand monde *hardly anyone*
tout le monde *everybody*
trop de monde *too many people*
mondial *of the world*
monotone *monotonous*
monsieur *Mr, sir*
le mont Blanc *Mont Blanc*
une montagne *a mountain*
monter *to go up*
une montre *a watch*
montrer *to show*
se moquer de *to laugh at*
la moquette *carpet*
moral *moral, ethical*
mort(e) *dead*
le moteur *the engine*
un motif *a pattern*
une moto *a motorbike*
une mousse au chocolat *a chocolate mousse*
la moutarde *mustard*
moyen(ne) *medium*

le Moyen Âge *the Middle Ages*
le Mozambique *Mozambique*
un mur *a wall*
un muscle *a muscle*
la musculation *body building*
un musée *a museum*
musical(e) *musical*
un musicien *a musician*
la musique *music*
la musique classique *classical music*

N

elle nage bien *she's a good swimmer*
nager *to swim*
naître *to be born*
la natation *swimming*
un naufrage *a shipwreck*
un(e) naufragé(e) *shipwrecked person*
un navigateur *an Internet server, a single-handed sailor*
né(e) *born*
je suis né(e) *I was born*
la neige *snow*
un nécessaire de … *a … kit*
un néon *a neon light*
ne … pas *not*
sur le net *on the net*
nettoyer *to clean*
le nez *the nose*
n'importe où *anywhere*
noir(e) *black*
une noix de coco *a coconut*
nombreux/ses *numerous*
non *no*
le nord *the north*
normalement *usually*
la Normandie *Normandy*
nos *our (pl)*
une note *a grade*
notre *our (sing)*
nourrir *to feed*
le nourrissage *the feeding*
la nourriture *food*
nous *we*
nouveau/elle *new*
à nouveau *once again*
une nouvelle *news*
un nuage *a cloud*
nuageux/se *cloudy*
la nuit *the night*
nul(le) *rubbish, poor*
un(e) nul(le) *a loser*
nulle part *nowhere*
un numéro *a number*

O

observer *to observe*
obtenir *to get*
trouver une occupation *to find something to do*
s' occuper de *to take care of*
l' océan Atlantique (m) *the Atlantic Ocean*
une odeur *a smell*
un œuf *an egg*
un offrir *to offer*
un oiseau *a bird*
une olive *an olive*
on *one, we*
mon oncle *my uncle*
onzième *eleventh*
un orage *a storm*
un ordinateur *a computer*
une oreille *an ear*
un organe *an organ*
l' organisme (m) *the organism*
original(e) *original*

l' orgueil (m) *pride, arrogance*
un os *a bone*
oser *to dare*
ou *or*
où? *where?*
oublier *to forget*
j'ai oublié *I forgot*
où est …? *where is …?*
l' ouest (m) *west*
oui *yes*
un outil *a tool*
un outil d'application *software*
j'ai ouvert *I opened*
ouvrir *to open*

P

le pain *bread*
en paix *in peace*
un panaché *a shandy*
un pantalon *trousers*
un paquet de chips *a packet of crisps*
par *by, per*
un parapluie *an umbrella*
un parc d'attractions *a theme park*
le parc de loisirs *leisure park*
parce que *because*
un parcours *a route*
pardon *excuse me*
pardonner *to forgive*
mes parents (mpl) *my parents*
paresseux/se *lazy*
parfaitement *perfectly*
parfois *sometimes*
parisien(ne) *of Paris*
un parking *a car park*
le Parlement européen *the European Parliament*
parler (à) *to talk, to speak (to)*
parler créole *to speak creole*
la parole *speech*
partager *to share*
un(e) partenaire *a partner*
la participation *participation*
particulièrement *especially*
partir *to leave*
partout *everywhere*
le passé *the past*
que s'est-il passé? *what happened?*
passer *to go past*
passer l'aspirateur *to vacuum*
passer les vacances à … *to spend the holidays in …*
je passe mon temps à … *I spend my time …*
se passer *to happen*
se passionner pour *to have a passion for*
des pâtes (fpl) *pasta*
patienter *to be patient*
une patte *a paw*
un pantalon pattes d'eph *flared trousers*
une paupière *an eyelid*
les pauvres *the poor*
payer *to pay*
un pays *a country*
la peau *skin*
mal dans sa peau *unhappy*
la pêche *fishing, a peach*
un pêcheur *a fisherman*
pendant *during, while*
la pensée *thought*
je pense que … *I think that …*
penser *to think*
ça me fait penser à … *it reminds me of …*
qu'en penses-tu? *what do you think?*
perdre *to lose*
j'ai perdu *I lost*
mon père *my father*

le Périgord *Perigord*
une perle *a pearl*
ce n'est pas permis *it's not allowed*
personne ne … *no one*
une personne *a person*
personnel(le) *personal*
la pétanque *boules (game)*
pétarader *to backfire*
petit(e) *small*
un petit copain *a boyfriend*
une petite copine *a girlfriend*
le petit écran *television*
un peu *a little*
peuplé *populated*
à peu près *approximately*
avoir peur *to be afraid*
on peut *one can*
est-ce que je peux …? *may I?*
la pharmacie *the chemist's*
une photo *a photograph*
un photographe *a photographer*
un piano *a piano*
une pièce *a room*
à pied *by foot*
le pied *foot*
une pile *a battery*
en pilote automatique *on autopilot*
le ping-pong *table tennis*
faire pipi *to wee*
un pique-nique *a picnic*
un piranha *a piranha*
un pirate *a pirate*
la piscine *swimming pool*
une piscine à vagues *a fun pool*
pittoresque *picturesque*
une pizza *a pizza*
le placard *the cupboard*
une place *a square, a place*
faire plaisir *to please*
ça me plaît *I like it*
s'il vous plaît *please*
la plage *the beach*
la planche à voile *windsurfing*
une planète *a planet*
une plante *a plant*
le plat préféré *favourite dish*
en plein air *in the open air*
plein de *lots of*
pleurer *to cry*
il pleuvra *it will rain*
plier *to bend*
la plongée *diving*
ça ne m'a pas plu *I didn't like it*
la pluie *the rain*
la plupart de … *most of …*
plus *more*
plus … plus … *the more … the more …*
en/de plus *moreover*
le/la plus … *the most …*
ne … plus *no longer*
plus loin *further*
plusieurs *several*
plusieurs fois *several times*
plutôt *rather*
un pneu *a tyre*
une poésie *a poem*
une poignée *a handle*
un poisson *a fish*
poli(e) *polite*
la police *the police*
la politesse *politeness*
la politique *politics*
un polo *a polo shirt*
pollué(e) *polluted*
la pollution *pollution*
en polycoton *poly cotton*
la Polynésie française *French Polynesia*

une pomme *an apple*
une pomme de terre *a potato*
un pont *a bridge*
passer le pont *to go over the bridge*
un portable *a mobile (phone)*
je portais *I was wearing*
un port de commerce *commercial port*
une porte *a door*
porter *to carry, to wear*
je vais porter *I'm going to wear*
une portion *a portion*
le Portugal *Portugal*
poser une question *to ask a question*
un positionneur *device to locate position*
posséder *to possess*
la poste *the post office*
le potager *vegetable garden*
la poubelle *the bin*
le pouce *the thumb*
de la poudre *powder*
une poule *a hen*
un poulet *a chicken*
le poumon *lung*
pour *for, in order to*
pourquoi? *why?*
pourriez-vous me dire …? *could you tell me …?*
le pourtour méditerranéen *the Mediterranean region*
pousser *to push*
pouvoir *to be able to, can*
pouvoir se permettre *to be able to afford*
nous pouvons *we can*
pratique *practical*
précis(e) *precise*
précisément *precisely*
je préfère *I prefer*
préféré(e) *favourite*
(le/la) premier/ière *(the) first*
premièrement *firstly*
prendre *to take*
prendre le petit déjeuner *to have breakfast*
prenez la deuxième à gauche *take the second street on the left*
préparer *to prepare*
près de … *near …*
près de 450 *about 450*
présider *to preside*
la pression atmosphérique *atmospheric pressure*
prêt(e) (à) *ready (to)*
le Prince charmant *the Prince Charming*
j'ai pris le petit déjeuner *I had breakfast*
privilégié(e) *privileged*
un problème *a problem*
le/la prochain(e) *the next*
un proche *a close one*
le produit principal *the main product*
les produits laitiers (mpl) *dairy products*
un prof(esseur) *a teacher*
se profiler *to emerge*
profiter de *to take advantage of*
un programme *a programme*
faire des progrès *to make progress*
un projet *a project*
faire une promenade *to go for a walk*
la prononciation *pronunciation*
proposer *to offer*
un protège-dents *a teeth protector*

se protéger *to protect oneself*
les protéines *protein*
la Provence *Provence*
provenir de *to come from*
des provisions (fpl) *food (supply)*
ça peut provoquer *it can cause*
à proximité de … *near …*
la prudence *caution*
une pub(licité) *an advert*
puis *then*
un pull *a jumper*
un punk *a punk*
les Pyrénées *the Pyrenees*

Q

un quad *a quad bike*
la qualité *quality*
quand? *when?*
quand même … *still …*
un quart d'heure *a quarter of an hour*
un quartier *a district, neighbourhood*
que *which*
ne … que *only*
le Québec *Quebec*
québequois(e) *from Quebec*
quel(le) *which*
tu as quel âge? *how old are you?*
quelle couleur te va? *what colour suits you?*
c'est dans quelle direction? *which direction is it?*
quelque chose *something*
quelquefois *sometimes*
quelques-un(e)s *a few*
quelqu'un *someone*
quel temps fait-il? *what's the weather like?*
qu'est-ce que …? *what?*
qu'est-ce que c'est? *what is it?*
qu'est-ce que tu vas faire dans la vie? *what do you want to do when you're older?*
qui? *who?*
quinze *fifteen*
quitter *to leave*
quoi? *what?*
quoi d'autre? *what else?*

R

qui raconte *which is about*
raconter *to tell*
un radar *a radar*
un radeau *a dinghy*
une rafale *a gust*
le raisin *grapes*
ranger (ses affaires) *to tidy up*
rapide *fast*
rapidement *quickly*
rappeler *to remind*
un rappeur *a rapper*
un rayon *an aisle*
récapituler *to recap*
un(e) réceptionnist(e) *a receptionist*
un réchaud à gaz *a portable gas cooker*
réchauffer *to warm up*
un récipient *a container*
récolter *to reap*
recommencer *to start again*
reconstituer *to reconstruct*
une reconstitution *a reconstruction*
la récré(ation) *break*
récupérer *to get back*
redoubler *to repeat a year*
réduire les risques *to reduce the risk*
regarder *to look*

un régime strict *a strict diet*
une région *a region*
régional(e) *regional*
une règle *a rule*
régulièrement *regularly*
rejoindre *to meet up with*
se relaxer *to relax*
relégué(e) *relegated*
remorquer *to tow*
un rempart *city wall*
remplacer *to replace*
de renom *famous*
renoncer à *to give up*
rentrer de *to come back from*
rentrer le ventre *to pull one's stomach in*
être renversé par *to be knocked down by*
réparer *to repare*
répartir *to share out*
un repas *a meal*
se reposer *to rest*
une réserve *a stock, a reserve*
une résidence *a residence*
une bonne résolution *a good resolution*
le respect *respect*
la respiration *breathing*
respirer *to breathe*
se ressembler *to look alike*
un restaurant *a restaurant*
un restaurateur *a restaurant owner*
rester *to stay*
le résultat *the result*
un(e) retardataire *latecomer*
retrouver des copains *to meet up with some friends*
se retrouver *to meet up*
une réunion *a meeting*
la Réunion *Reunion Island*
un(e) réunionnais(e) *inhabitant of Reunion Island*
un rêve *a dream*
revenir *to come back*
réviser *to revise*
revoir *to see again*
au revoir *goodbye*
une revue *a magazine*
le rez-de-chaussée *the ground floor*
le Rhône *the Rhone river*
être riche en *to be rich in*
les riches *the rich*
un rideau *a curtain*
ne ... rien *nothing*
il n'a rien fait *he didn't do anything*
rigoler *to laugh, to joke*
tu rigoles? *are you joking?*
rigolo(te) *funny*
relire *to re-read*
le riz *rice*
une rivière *a river*
une robe *a dress*
le rock *rock music*
un roi *a king*
un rôle *a part*
le roller *roller blading*
les Romains (mpl) *the Romans*
une rondelle *a slice*
rose *pink*
un rouet *a spinning wheel*
rouge *red*
une route *a road*
roux/sse *ginger, red*
une rue *a street*
la première rue à droite *the 1st street on the right*

S

sa *his/her (f)*
le sable *sand*
un sac *a bag*
un parc safari *a safari park*
sain(e) *healthy*
sainement *healthily*
saisir *to grab*
une saison *a season*
de la salade *salad*
la salade niçoise *lettuce, tomato and anchovy salad*
le saladier *the salad bowl*
sale *dirty*
la salle à manger *the dining room*
la salle de bains *bathroom*
la salle (de classe) *(class)room*
le salon *the living room*
un salon de coiffure *a hairdresser's salon*
samedi *Saturday*
des sandales *sandals*
un sandwich *a sandwich*
les sanitaires *the toilets*
sans *without*
la santé *health*
la Saône *the Saône river*
un satellite *a satellite*
de la sauce *sauce*
une saucisse *a sausage*
du saucisson *cured sausage*
du saumon *salmon*
le saut à la corde *skipping rope*
sauvage *wild*
savoir *to know*
je savais *I knew*
du savon *soap*
un saxophone *a saxophone*
scotché(e) devant *glued to (the television, etc)*
une séance *a session*
un seau *a bucket*
sec/sèche *dry*
sécher *to dry*
secrètement *secretly*
la Seine *the Seine river*
sélectionné(e) *selected*
selon ... *according to ...*
une semaine *a week*
par semaine *per week*
faire semblant de *to pretend to*
sembler être *to seem to be*
il me semble que *it seems to me that*
le sens des aiguilles d'une montre *clockwise*
sensible *sensitive*
un sentier *a path*
un sentiment *a feeling*
sentir *to smell/to feel*
se sentir (mieux) *to feel (better)*
sera *will be*
une série *a TV series*
sérieux/se *serious*
un serpent *a snake*
une serviette *a towel, a serviette*
servir à *to serve, to be for*
ses *his/her (pl)*
un(e) seul *a single*
du shampooing *shampoo*
un short *shorts*
si *if, so*
un siècle *a century*
le XIXe siècle *the 19th century*
un signe astrologique *a star sign*
signifier *to mean*
ça signifie *it means*
la sincérité *sincerity*
un singe *a monkey*

un site touristique *a tourist attraction*
une situation *a situation*
situé *situated*
le skate(board) *skateboarding*
un slalom *slalom*
le snack *snack bar*
un soda *a fizzy drink*
ma sœur *my sister*
j'ai soif *I'm thirsty*
soigneusement *neatly*
soi-même *oneself*
le soir *(in the) evening*
ce soir *tonight*
5 heures du soir *5 pm*
la soirée *evening time*
le soleil *the sun*
en solitaire *single-handedly*
sombre *dark*
le sommeil *sleep*
nous sommes *we are*
le sommet *the summit*
son *his/her (m)*
une sonnerie *a ring*
ce sont *these are*
toutes sortes de *all sorts of*
une sorte de *a kind of*
sortir *to go out*
sortir la poubelle *to take the rubbish out*
un souci *worry, concern*
souffler *to blow*
de la soupe *soup*
souple *supple*
la souplesse *suppleness*
souriez! *smile! (vous command)*
sourire *to smile*
le sous-sol *the basement*
des sous-vêtements (mpl) *underwear*
se souvenir de *to remember*
souvent *often*
les spaghettis (mpl) *spaghetti*
du sparadrap *sticking plaster*
spécialement *especially*
une spécialité *a speciality*
un spectacle *a show*
le sport *sport*
un sport de contact *a contact sport*
sportif/ve *athletic*
un(e) sportif/ve *an athlete*
un stage *a course*
une star *a movie star*
une station balnéaire *a sea resort*
une station de ski *a ski resort*
le steak-frites *steak with chips*
le stress *stress*
le stretching *stretching*
un strophe *a verse*
un studio *a studio*
stupide *stupid*
le sucre (de canne) *sugar (cane)*
des sucreries (fpl) *sweet things*
le sud *south*
suffisamment *sufficiently, enough*
il suffit de *you only need to*
je suis *I am*
la Suisse *Switzerland*
super *super, great*
un supermarché *a supermarket*
sur *on (top of)*
le surf *surfing*
la surface *the surface area*
surfer (sur le net) *to surf (the net)*
surtout *especially*

la	survie	*survival*
	survivre	*to survive*
	survoler	*to fly over*
un	sweat	*a sweatshirt*
un	symbole	*a symbol*
un	synthétiseur	*keyboard*

T

	ta	*your (f)*
la	table	*the table*
un	tableau	*a picture*
un	tabouret	*a stool*
	tactique	*tactical*
un(e)	Tahitien(ne)	*a Tahitian*
le	taï-chi	*t'ai chi*
une	taille	*(clothes) size*
se	taire	*to be quiet*
	tais-toi!	*be quiet! (tu command)*
	taisez-vous!	*be quiet! (vous command)*
à	talons hauts	*high heel (shoes)*
ma	tante	*my aunt*
	taper	*to hit*
un	tapis magique	*a magic carpet*
trop	tard	*too late*
une	tartine	*slice of bread with butter and jam*
un	tas de	*loads of*
une	tasse	*a cup*
un	technicien informatique	*an IT technician*
un	tee-shirt	*a T-shirt*
	télécharger	*to download*
le	téléphone	*telephone*
	téléphoner à	*to phone*
la	télé(vision)	*television*
	tellement	*so*
ne ... pas	tellement	*not really*
pas	tellement	*not really*
la	température	*the temperature*
le	temps	*the weather, time*
le	temps libre	*free time*
de	temps en temps	*from time to time*
en même	temps	*at the same time*
tout le	temps	*all the time*
	tendre	*to stretch*
	tenez-vous droit	*stand up straight (vous command)*
	tenir	*to hold*
le	tennis	*tennis*
des	tennis (fpl)	*tennis shoes*
une	tente	*a tent*
un	terrain de sport	*a sports field*
une	terrasse	*a terrace*
la	Terre	*the Earth*
	tes	*your (pl)*
la	tête	*the head*
le	théâtre	*the theatre*
du	thon	*tuna*
	tiens!	*there you are!*
un	timbre	*a stamp*
	timide	*shy*
un	tiroir	*a drawer*
un	toboggan	*a slide*
les	toilettes (fpl)	*the toilets*
une	tomate	*a tomato*
la	tombée de la nuit	*night fall*
	tomber	*to fall*
laisser	tomber	*to drop*
	ton	*your (m)*
	tôt	*early*
	toucher	*to touch*
	toujours	*always, still*
une	tour	*a tower*
un(e)	touriste	*a tourist*
	touristique	*tourist*
	tourner	*to turn*

un	tournevis	*a screw driver*
	tout(e)	*all*
pas du	tout	*not at all*
une	trace	*a trace*
un	train	*a train*
	traîner	*to hang out*
une	tranche	*a slice*
	transférer	*to transfer*
un	transistor	*a transistor*
	transporter	*to carry*
	travailler	*to work*
beaucoup de	travail	*a lot of work*
	traverser	*to cross*
	treize	*thirteen*
	très	*very*
un	tricot	*a jersey*
	troisième	*third*
une	trompette	*a trumpet*
	trop de	*too much/many*
	tropical(e)	*tropical*
le	trottoir	*the pavement*
un	trou	*a hole*
	trouver	*to find*
ça se	trouve où?	*where is it?*
tu ne	trouves pas?	*don't you think?*
un	truc	*a thing*
ce n'est pas mon	truc	*it's not my thing*
	tu	*you*
la	Tunisie	*Tunisia*
un	tunnel	*a tunnel*
	tutoyer	*to use 'tu' when speaking to someone*
	typique	*typical*

U

un(e)	un(e)	*a, an, one*
la	une	*the front page*
un	uniforme	*a uniform*
une	unité de mesure	*a unit of measure*
l'	université (f)	*university*
s'	user	*to wear*
une	usine	*a factory*
	utile	*useful*
	utiliser	*to use*

V

le rouge me	va	*red suits me*
il	va	*he goes/is going*
en	vacances	*on holiday*
une	vache	*a cow*
une	vacherie	*a dirty trick*
une	vague	*a wave*
	vagement	*vaguely*
je	vais	*I go, I'm going*
un	vaisseau spatial	*a spaceship*
la	vaisselle	*the washing-up*
une	vallée	*a valley*
la	vanille	*vanilla*
tu	vas	*you go, you are going*
	vas-y!	*go on! (tu command)*
il	vaut mieux	*it's better to*
	végétarien/ne	*vegetarian*
un	véhicule	*a vehicle*
un	vélo	*a bike*
	vendre	*to sell*
	vendredi	*Friday*
	venir de	*to come from*
le	vent	*the wind*
le	ventre	*stomach*
une	véranda	*a veranda*
un	verre	*a glass*
	vers	*towards*
	vers 11 heures	*around 11*
	vert(e)	*green*
	vertigineux/se	*breathtaking*
une	veste	*a jacket*
un	vêtement	*an item of clothing*

un(e)	vétérinaire	*a vet*
ça	veut dire	*it means*
je	veux	*I want*
	veux-tu ...?	*do you want to ...?*
de la	viande	*meat*
	vider le lave-vaisselle	*to empty the dishwasher*
la	vie	*life*
	vieux/vieille	*old*
la	vigne	*grapevine*
un	vignoble	*a vineyard*
un	village	*a village*
une	ville	*a town*
en	ville	*in/to town*
la	ville natale	*home town*
le	vin	*wine*
le	vingtième siècle	*the twentieth century*
	violet(te)	*purple*
un	violon	*a violin*
le	visage	*the face*
un(e)	visagiste	*make-up artist*
une	visite	*a visit*
	visiter	*to visit*
une	vitamine	*a vitamin*
	voici	*here is/are*
	voilà	*there you are*
une	voile	*a sail*
	voir	*to see*
un(e)	voisin(e)	*a neighbour*
une	voiture	*a car*
un	volcan	*a volcano*
	voler	*to fly*
le	volley(-ball)	*volleyball*
	vos	*your (pl)*
les	Vosges	*the Vosges mountains*
	votre	*your (sing)*
je	voudrais	*I would like*
	vouloir	*to want*
il a	voulu	*he wanted*
	vous	*you*
	vouvoyer	*to use 'vous' when speaking to someone*
un	voyage	*a trip, a journey*
	vrai(e)	*true, real*
	vraiment	*really*
le	VTT	*mountain bike*
la	vue	*the view*

W

le	week-end	*(at) the weekend*

Y

	y	*there*
un	yaourt	*a yogurt*
les	yeux	*eyes*
le	yoga	*yoga*

Z

	zippé(e)	*with a zip*
	zut!	*bother!*

Vocabulaire anglais-français

A
aerobics *l'aérobique*
against *contre*
I am *je suis*
anorak *un anorak*
apple *une pomme*
arm *le bras*
I'm ashamed *j'ai honte*
to ask a question *poser une question*
I ate *j'ai mangé*
an athlete *un sportif, une sportive*
at my house *chez moi*
at what time? *à quelle heure?*
my aunt *ma tante*

B
to babysit *faire du babysitting*
in a bad mood *de mauvaise humeur*
bank *la banque*
to be *être*
to be able to *pouvoir*
beans *les haricots*
because *parce que*
bed *le lit*
bedroom *la chambre*
Belgium *la Belgique*
the best *le/la meilleur(e)*
big *grand(e)*
by bike *en vélo*
black *noir(e)*
blue *bleu(e)*
blond hair *les cheveux blonds (mpl)*
blouse *un chemisier*
boring *ennuyeux/euse*
I was born in ... *je suis né(e) à ...*
I bought *j'ai acheté*
boy *le garçon*
bread *le pain*
breakfast *le petit déjeuner*
brilliant! *génial!*
my brother *mon frère*
brown *marron*
brown hair *les cheveux bruns (mpl)*
bus stop *l'arrêt de bus (m)*
butter *le beurre*
to buy *acheter*
I buy *j'achète*

C
campsite *le camping*
I can *je peux*
car *une voiture*
carrot *une carotte*
castle *un château*
cereal *les céréales (fpl)*
charming *charmant(e)*
chatty *bavard(e)*
cheese *le fromage*
chicken *le poulet*
childish *enfantin(e)*
chips *les frites (fpl)*
climbing *l'escalade*
clothes *les vêtements*
coffee *le café*
I'm cold *j'ai froid*
it's cold *il fait froid*
colour *une couleur*
this colour suits me *cette couleur me va*
computer *l'ordinateur (m)*
construction site *un chantier*

my cousin *ma cousine (f), mon cousin (m)*
crisps *les chips*
to cycle *faire du cyclisme*

D
dairy product *un produit laitier*
dance *la danse*
dark blue *bleu foncé*
dear *cher/chère*
demonstration *une manifestation*
dining room *la salle à manger*
dishwasher *un lave-vaisselle*
DIY *le bricolage*
to do *faire*
to do the washing-up *faire la vaisselle*
doctor *un médecin*
I don't eat enough ... *je ne mange pas assez de ...*
I don't do anything *je ne fais rien*
downstairs *en bas*
I drank *j'ai bu*
dress *une robe*
a drink *une boisson*
to drink *boire*

E
to earn *gagner*
to eat *manger*
I eat too much ... *je mange trop de ...*
England *l'Angleterre*
to enter *entrer*
eruption *une éruption*
everyday *tous les jours*

F
farmer *un(e) agriculteur/trice*
fashion *la mode*
my father *mon père*
favourite *préféré(e)*
my favourite colour *ma couleur préférée*
first floor *au premier étage*
fishing *la pêche*
fizzy *gaseux/euse*
flat *un appartement*
it's foggy *il y a du brouillard*
it will be foggy *il y aura du brouillard*
foot *le pied*
for *pour*
French *français(e)*
Friday *vendredi*
friend *un copain (m), une copine (f)*
funny *marrant(e)*

G
Germany *l'Allemagne (f)*
I get up *je me lève*
to get up *se lever*
I got up *je me suis levé(e)*
I go *je vais*
to go *aller*
I go out *je sors*
to go out *sortir*
I go to bed *je me couche*
to go to bed *se coucher*
good *bon(ne)*
good at *fort(e) en*
good-looking *beau/belle*

my grandfather *mon grand-père*
my grandmother *ma grand-mère*
my grandparents *mes grands-parents (mpl)*
green *vert(e)*
grey *gris(e)*
ground floor *au rez-de-chaussée*
gymnastics *la gymnastique*

H
I had *j'avais*
hair *les cheveux*
hairdresser *un(e) coiffeur/euse*
ham *le jambon*
I hate *je déteste*
I have *j'ai*
to have *avoir*
to have fun *s'amuser*
we had fun *on s'est amusé*
he *il*
health *la santé*
her *son (m), sa (f), ses (pl)*
his *son (m), sa (f), ses (pl)*
historical *historique*
holidays *les vacances*
to hoover *passer l'aspirateur*
horse-riding *l'équitation (f)*
I'm hot *j'ai chaud*
it's hot *il fait chaud*
house *une maison*
how far is it? *c'est loin?*
how much is it? *ça coûte combien?*
I'm hungry *j'ai faim*

I
I *j'/je*
industrial *industriel(le)*
intelligent *intelligent(e)*
interesting *intéressant*
is *est*
Italy *l'Italie*

J
jam *de la confiture*
jealous *jaloux/se*
jeans *un jean*
to jog *faire du jogging*
joiner *un menuisier*
journey *un voyage*
jumper *un pull*

K
to keep fit *garder la forme*
kind *gentil(le)*
kitchen *la cuisine*

L
last weekend *le week-end dernier*
lazy *paresseux/euse*
to lay the table *mettre la table*
on the left *à gauche*
less *moins (de)*
light blue *bleu clair*
I like *j'aime*
to listen to *écouter*
I live in ... *j'habite à ...*
to live *habiter*
living room *le salon*
I love *j'adore, j'aime*
lunch *le déjeuner*

M

market place *la place du marché*
me *moi*
to meet up with *retrouver*
milk *le lait*
Monday *lundi*
money *l'argent (m)*
more *plus (de)*
my mother *ma mère*
motorway *une autoroute*
museum *un musée*
I must *je dois*
my *mon (m), ma (f), mes (pl)*

N

navy blue *bleu marine*
I need *j'ai besoin de…*
new *nouveau/nouvelle*
next to *à côté de*
nurse *un(e) infirmier/ière*

O

office *un bureau*
often *souvent*
old *vieux/vieille*
once a week *une fois par semaine*
opposite *en face de*
our *notre (sing), nos (pl)*

P

pasta *les pâtes*
peach *une pêche*
my penfriend *mon/ma correspondant(e)*
pink *rose*
please *s'il vous plaît*
pocket money *l'argent de poche (m)*
polite *poli(e)*
pollution *la pollution*
post office *la poste*
I prefer *je préfère*

R

railway *le chemin de fer*
it's raining *il pleut*
it will rain *il pleuvra*
red *rouge*
red hair *les cheveux roux (mpl)*
it's relaxing *ça détend*
to rest *se reposer*
rice *le riz*
on the right *à droite*

S

sandals *des sandales (fpl)*
Saturday *samedi*
to save money *mettre de l'argent de côté*
scatty *farfelu(e)*
sea resort *une station balnéaire*
secretary *un(e) secrétaire*
selfish *égoïste*
serious *sérieux/se*
she *elle*
shirt *une chemise*
shoes *des chaussures (fpl)*
shop *le magasin*
shorts *un short*
shy *timide*
my sister *ma sœur*
ski resort *une station de ski*
skin *la peau*
skirt *une jupe*
to smoke *fumer*
it's snowing *il neige*

it will snow *il neigera*
sometimes *parfois, quelquefois*
to spend (money) *dépenser*
to spend (time) *passer (du temps)*
station *la gare*
straight on *tout droit*
street *la rue*
strike *une grève*
student *un(e) étudiant(e)*
stupid *bête*
Sunday *dimanche*
it's sunny *il y a du soleil*
it will be sunny *il y aura du soleil*
supermarket *le supermarché*
to surf the (inter)net *surfer sur l'internet*
survival *la survie*
sweatshirt *un sweat*
sweets *les bonbons*
swimming *la natation*
swimming costume *un maillot*
Switzerland *la Suisse*

T

table tennis *le ping-pong*
to take *prendre*
teacher *un prof(esseur)*
temperature *la température*
tennis shoes *des tennis (fpl)*
thank you *merci*
their *leur(s)*
theme park *un parc d'attractions*
there is/are *il y a*
there isn't/aren't *il n'y a pas de*
to think *penser*
I'm thirsty *j'ai soif*
Thursday *jeudi*
to tidy up *ranger les affaires*
from time to time *de temps en temps*
today *aujourd'hui*
tomorrow *demain*
too much/many *trop de*
town *une ville*
trainers *des baskets (fpl)*
trousers *un pantalon*
T-shirt *un tee-shirt*
Tuesday *mardi*

U

unbearable *insupportable*
unemployed *au chômage*
upstairs *en haut*
I used to do *je faisais*

V

vegetable *un légume*
volleyball *le volley-ball*

W

I wake up *je me réveille*
to wake up *se réveiller*
I want *j'ai envie de …*
to want *vouloir*
I was *j'étais*
to watch *regarder*
I watched *j'ai regardé*
water *l'eau (f)*
warning *une alerte*
we *nous*
I'm wearing *je porte*
I was wearing *je portais*
weather *le temps, la météo*
Wednesday *mercredi*
I went *je suis allé(e)*

when? *quand?*
why? *pourquoi?*
to win *gagner*
it's windy *il y a du vent*
it will be windy *il y aura du vent*
with *avec*
I would like *je voudrais*

Y

yellow *jaune*
yesterday *hier*
a yoghurt *un yaourt*

Les instructions

À deux.	In pairs.	Lis et écoute.	Read and listen.
À tour de rôle.	Take turns.	Lis et réponds aux questions.	Read and answer the questions.
Attention à la prononciation!	Watch your pronunciation!	Lis et trouve.	Read and find.
Cherche les mots.	Look for the words.	Lis le texte à haute voix.	Read the text out loud.
Choisis.	Choose.	Mets les phrases dans le bon ordre.	Put the sentences into the correct order.
Compare(z).	Compare.	Posez et répondez aux questions.	Ask and answer the questions.
Copie et complète la grille.	Copy and fill in the grid.	Pour ou contre?	For or against?
Copie et complète les blancs.	Copy and fill in the blanks.	Prends des notes.	Take notes.
Copie et complète les phrases.	Copy and complete the sentences.	Prépare et enregistre une cassette.	Prepare and make a cassette recording.
D'accord ou pas?	Do you agree or not?	Qu'en penses-tu?	What do you think?
Décris/Décrivez.	Describe.	Qui fait quoi?	Who does what?
Dessine.	Draw/Design.	Qui parle?	Who is speaking?
Dessine un plan.	Draw a plan.	Réponds aux questions	Answer the questions.
Devinette.	Puzzle.	Travaillez à deux.	Work in pairs.
Discutez.	Discuss.	Trouve la bonne image.	Find the correct picture.
Écoute et note.	Listen and note down.	Trouve le bon nom.	Find the correct name.
Écoute et répète.	Listen and repeat.	Trouve l'image qui correspond.	Find the matching picture.
Écoute et vérifie.	Listen and check.	Trouve le dessin qui correspond.	Find the matching picture.
Écoute la pub.	Listen to the advert.	Trouve le mot pour …	Find the word for …
Écris un paragraphe.	Write a paragraph.	Trouve le nom de …	Find the name of …
Écris un poème.	Write a poem.	Trouve(z) sur le plan …	Find on the map …
Enregistre.	Record.	Vérifiez vos réponses.	Check your answers.
Fais des recherches.	Do some research.	Vrai, faux ou je ne sais pas?	True, false or don't know?
Fais la liste.	Make a list.		
Fais un portrait de …	Write a portrait of …		
Fais un résumé.	Summarise.		
Fais un sondage (de classe).	Do a (class) survey.		
Interviewe ton/ta partenaire.	Interview your partner.		
Inventez des réponses.	Make up answers.		
Jeu de rôle.	Role play.		
Jouez en groupe.	Play as a group.		
Lis et comprends.	Read for comprehension.		